挺直吧，少年

青少年体态拯救指南

主编：张露予　侯　筱　周开祥
主审：包大鹏

中国人口与健康出版社
China Population and Health Publishing House
全国百佳图书出版单位

图书在版编目(CIP)数据

挺直吧,少年:青少年体态拯救指南/张露予,侯筱,周开祥主编. -- 北京:中国人口与健康出版社,2025.4. -- ISBN 978-7-5238-0271-7

Ⅰ.G831.3

中国国家版本馆CIP数据核字第20255F6F43号

挺直吧,少年:青少年体态拯救指南
TINGZHI BA,SHAONIAN:QING-SHAONIAN TITAI ZHENGJIU ZHINAN

张露予 侯筱 周开祥 主编

责任编辑	刘继娟
责任设计	侯 铮
责任印制	王艳如 任伟英
出版发行	中国人口与健康出版社
印 刷	涿州市荣升新创印刷有限公司
开 本	880毫米×1230毫米 1/32
印 张	3.625
字 数	69千字
版 次	2025年4月第1版
印 次	2025年4月第1次印刷
书 号	ISBN 978-7-5238-0271-7
定 价	29.80元

微 信 ID	中国人口与健康出版社
图书订购	中国人口与健康出版社天猫旗舰店
新浪微博	@中国人口与健康出版社
电子信箱	rkcbs@126.com
总编室电话	(010)83519392　发行部电话 (010)83557247
办公室电话	(010)83519400　网销部电话 (010)83530809
传 真	(010)83519400
地 址	北京市海淀区交大东路甲36号
邮 编	100044

版权所有·侵权必究

如有印装问题,请与本社发行部联系调换(电话:15811070262)

前言

身体姿态是身体各部分在空间的相对位置，反映了人体骨骼、肌肉、内脏器官、神经系统等各组织器官的生物力学关系。身体姿态作为体质健康的关键要素之一，为确保青少年正常的学习与生活提供了必要条件，对青少年未来的发展具有深远影响。恰当的身体姿态可使个体保持稳定，确保各组织器官功能充分发挥，缓解肌肉与韧带的紧张，延缓肌肉疲劳。身体姿态异常若未能及时得到矫正，将会逐步产生结构性改变，如韧带、骨组织等发生一定程度的形变，导致部分组织与器官功能受损。这将引发身体素质的降低，甚至可能造成生理缺陷和重大疾病，严重影响身心健康。

据2022年1月中华预防医学会脊柱疾病预防与控制专业委员会的调查数据和文献资料显示，我国中小学生脊柱侧弯人数已超过500万人，且每年以约30万人的速度递增。脊柱侧弯不仅导致如驼背、高低肩、长短腿和骨骼发育不对称等外在畸形，还可能引发脏器发育畸形和功能障碍。此外，我国中小学生长时间保持固定姿势的久坐以及缺乏适度时长的体育锻炼，也是部分学生出现不同程度身体姿态异常的重要原因之一。

2021年国家卫生健康委发布了《儿童青少年脊柱弯曲异常防控技术指南》，该指南给儿童青少年的脊柱健康防控提供

了参考方案。从人群预防以及健康关口前移的角度，提出关注儿童青少年身体姿态刻不容缓。2022年2月，国家体育总局发布《儿童青少年身体姿态测试指标与方法》（以下简称《标准》），该标准由国家体育总局体育科学研究所和中国教育科学研究院起草。《标准》的发布规范了儿童青少年身体姿态的测试指标、测试方法，为儿童青少年身体姿态异常问题的筛查和干预提供了标准，使得掌握我国儿童青少年的身体姿态异常流行现状成为可能。目前，具备全方位身体姿态异常检测能力的机构主要集中于专业高校与科研院所，普通中小学的检测服务能力尚显不足。因此，如何通过简易的体态检测进行识别，并结合及时的形体训练进行矫正，是青少年身体姿态异常筛查和防控工作下沉到中小学阶段的有效探索。

为进一步强化身体姿态项目的常规检测，北京体育大学教师团队精心组织编写了《挺直吧，少年：青少年体态拯救指南》一书。该书立足于《人体姿势评估》《体能测试与评估》《功能性姿态矫正练习》等理论基础，紧密围绕相关专业知识，可为我国普通中小学提供实用的自我检测方法和训练参考。

张露予 侯筱 周开祥

2025年1月

目录 Contents

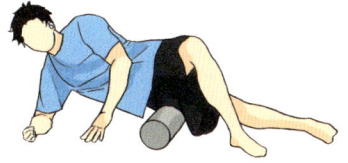

- 001 **第一章 认识身体姿态异常**
- 002 　第一节　什么是身体姿态异常
- 002 　　01 认识标准身体姿态
- 002 　　02 我国中小学生不良身体姿态的现状
- 004 　第二节　中小学生身体姿态异常的常见原因
- 004 　　01 超重或肥胖
- 004 　　02 不良生活习惯
- 006 　　03 不良学习环境
- 007 　　04 不良运动习惯

- 009 **第二章 身体姿态异常的简易筛查**
- 010 　第一节　静态评估
- 011 　　01 评估过程
- 012 　　02 评价标准
- 013 　　03 双腿站立测试中常见的姿态异常问题

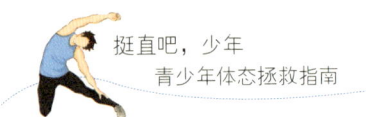

017	第二节　下肢动态评估
017	❶ 评估过程
019	❷ 评价标准
021	❸ 双腿下蹲测试中常见的姿态异常问题

024	第三节　上肢动态评估
024	❶ 评估过程
025	❷ 评价标准
025	❸ 俯卧撑测试中常见的姿态异常问题

027　第三章　中小学生常见的身体姿态异常及解决方案

028	第一节　下肢
028	❶ 扁平足
036	❷ 高足弓
041	❸ X 形腿
046	❹ O 形腿

051	第二节　脊柱
051	❶ 脊柱侧弯
057	❷ 驼背

063	第三节　骨盆
063	❶ 骨盆前倾
068	❷ 骨盆后倾

目 录

073　03 长短腿

078　第四节　肩颈及头部
078　01 高低肩
082　02 翼状肩胛
086　03 圆肩
089　04 头前伸

095　**第四章**　**中小学生姿势异常的日常预防**
096　第一节　站姿调整
096　01 正确的站姿
096　02 改善站姿的技巧

098　第二节　坐姿调整
098　01 正确的坐姿
099　02 改善坐姿的技巧

100　第三节　睡姿调整
100　01 正确的睡姿
100　02 改善睡姿的技巧

102　第四节　背包选择
102　01 正确的背包
103　02 如何选择背包

105　**参考文献**

第一章

认识身体姿态异常

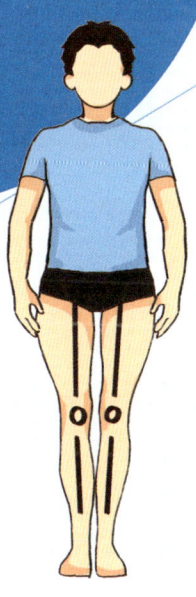

第一节　什么是身体姿态异常

01 认识标准身体姿态

古人云："立定如松，坐定于钟，行进如风。"这是古代人对身体姿态的描绘，亦为他们所秉持的身体美之基准。从科学角度阐释，身体姿态实则评估骨骼定位是否准确、身体功能是否存在异常，以及在做动作时全身各部位的表现[1]。然而，身体姿态不仅是外观美的体现，也与我们的身心健康紧密相连。恰当的身体姿态能使身体保持稳定，确保器官正常运作，缓解肌肉与韧带的紧张，并能延缓肌肉疲劳[2]。对中小学生而言，身体姿态是他们健康体魄的重要组成部分，关乎他们的学习与生活，并对他们未来的发展产生深远影响。

02 我国中小学生不良身体姿态的现状

当前，我国中小学生的身体姿态异常已成为一种相当普遍的现象。2007年国家国民体质监测中心等机构开展的青少年形体测量和测评结果显示，80%的青少年存在形体不良[3]，68.7%的青少年同时存在2项及以上的不良身体姿态[4]。其中，头前伸占 47.2%、高低肩占 49.5%、骨盆侧倾占 40.1%、胸椎与腰椎曲度异常分别占 31.5% 和 27.1%[5]。影响身体姿态的因素是复杂的，不过青少年时期的身体姿态问题大多是以肌肉发生改变为主的功能性变化[6]，如果及时进行矫正，就会得到有效控制，从而预防身体畸形的产生[7]。

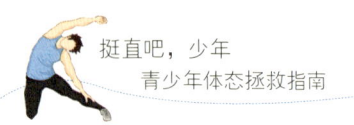

挺直吧，少年
青少年体态拯救指南

第二节 中小学生身体姿态异常的常见原因

01 超重或肥胖

超重或肥胖会对中小学生站立和行走的姿态产生影响，增大关节损伤的可能性，并且可能引发足部不适及相关疾病。而长时间保持错误姿势会导致身体姿态异常，对中小学生的正常成长和发展产生负面影响[8]。家长和医生要一起关注超重或肥胖孩子的身体姿态，尽早预防，减轻肥胖对关节的伤害。比如，控制食物总能量摄入、调整饮食结构、少吃快餐和零食、避免喝含糖饮料、多吃蔬菜水果、每天做30～60分钟的全身有氧运动等[9]。

02 不良生活习惯

（1）过度使用电子产品

孩子在玩电子产品时，常常会低头弯腰，长时间保持该姿势会导致颈椎压力不均，引发颈椎病、高低肩、扁平足、脊柱侧弯、圆肩等一系列姿态问题[10]。同时，长期躺在沙发或床上,脊柱周围的肌肉力量不对称,也与脊柱侧弯关系密切。这些问题既影响身体健康,也对孩子的心理健康产生负面影响。家长们在孩子成长过程中要重视这个问题,采取预防措施,纠正不良姿势,保护孩子们的身心健康。建议中小学生非学习用途使用电子产品的时间每次不超过 15 分钟,每天累计不超过 1 小时[12]。

(2) 长期伏案

孩子长时间维持低头弯腰的学习姿态,是引发其身体姿态异常的关键因素之一。鉴于当前学习负担的加重,众多学生为追求学业成绩,频繁低头阅读及书写作业,使得颈椎与腰椎承受了沉重的压力,同时肌肉亦呈紧张状态。若长时间维持此不良姿势,身体部位可能因受压不均而形变,最终导致姿态异常。此外,长期久坐、缺乏活动亦影响孩子们的运动时间,不利于其身体发育。

(3) 跷二郎腿

很多孩子坐着时喜欢跷二郎腿,这个姿势会对他们的身体健康产生不良影响,可能导致脊柱侧弯、腰椎前凸等问题。此外,这个姿势还会让孩子在站立、坐姿或行走时,骨骼、肌肉和关节的平衡出现问题。这个问题可能导致肌肉紧张、疲劳、关节疼痛等症状,从而影响他们的生活质量。

(4) 不正确的背书包习惯

中小学生背书包的不正确习惯及长时间过度负重会破坏身

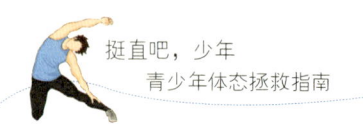

体原有的关节曲度和弧度[13],从而引起背痛和骨骼异常的情况[14]。比如,背着过重的书包时,孩子的身体为平衡书包重力,产生保护性的头前伸,从而引起驼背及头前伸[15];或将书包单肩搭背的习惯,导致身体左右肌肉受力不均等,都对身体姿态有显著影响。

03 不良学习环境

(1) 课桌椅高度比例不合适

中小学生正处于快速的生长发育阶段,他们的身体形态和功能不断发生变化,如果课桌、椅子高度跟不上他们的身体变化,就容易出问题。课桌和椅子高度比例太高或太低,都会让学生在写作业、看书时没法保持正确姿势,比例太低,孩子就得弯腰驼背,时间长了容易得颈椎病;比例太高,孩子就得抬起肩膀,这样容易肩膀疼,甚至还影响视力和生活健康。长时间不舒适,肌肉会疲劳,颈椎也会产生酸痛感,视力也会受影响。这不光影响孩子的学习成绩,还会影响其以后的生活质量。

(2) 学习场所照明不足

孩子们学习的场所照明条件不佳,不光影响学习成绩,还可能引发一些健康问题。首先,孩子老是在光线暗的地方学习,眼睛就得使劲调节适应光线变化,这样眼睛的压力就大了。时间一长，视力就会下降，甚至可能患近视之类的眼病。其次，学习环境的光线问题也会影响孩子们的身体姿势。光线不够，孩子们看不清书本或屏幕上的字，就会不自觉地往前靠或者趴在桌子上，长时间保持不良的姿势，体态就容易出问题。

04 不良运动习惯

（1）缺乏体育锻炼

随着科技的发展和生活水平的不断提高，我国中小学生的学习压力也在增大。在沉重的课业负担下，孩子们把大部分时间投入学习上，这使得他们严重缺乏体育锻炼。长期缺乏体育锻炼不仅会影响孩子们的生长发育，甚至还会导致一系列身体姿态问题。适当的体育锻炼对孩子们的成长发育起着至关重要的作用，如刺激生长激素的分泌，帮助孩子们纠正不良体态（如驼背、脊柱侧弯等），这对于孩子们的骨骼发育和体质健康有着极其重要的意义。

（2）长期不进行拉伸训练

对于正处于生长发育阶段的中小学生来说，适当的拉伸活动具有重要意义，它不仅能预防和缓解肌肉紧张，提高身体协调性和改善身体姿态，而且有助于舒缓久坐带来的肌肉压力。然而大多数的中小学生和家长们并不重视拉伸活动，肌肉紧张

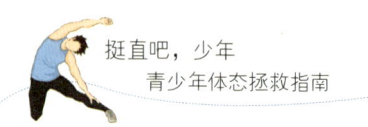

如果得不到及时缓解,可能会从身体姿态问题演变成疼痛,甚至导致肢体僵硬。这种情况不仅影响学生的正常学习和生活,长期下去还可能对身体健康产生不良影响。

第二章

身体姿态异常的简易筛查

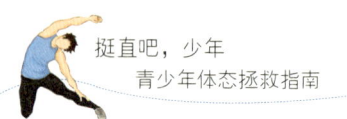

在对身体姿态进行评估时，我们通常需要遵循一定的顺序，以确保评估的全面性和准确性。身体姿态评估顺序为静态评估、动态评估、细化评估[16]。本章节中主要以静态和动态的形式进行身体姿态评估，初步筛查身体在静态和动态下存在的姿势异常。家长需要注意的是大多数的姿态问题是后天的影响因素产生的，如果家长在测试中发现孩子已经存在明显的症状及不适感，应该带孩子到医院确认是否存在发育异常等问题。

第一节　静态评估

双腿站立测试是以标准静态站立姿势为前提，对被评估学生已形成的静态身体姿势进行分析。这一阶段的评估可以帮助我们初步了解学生的身体姿态状况：在静止状态下的身体平衡、关节活动度、肌肉力量和肌肉长度等方面的表现，为后续的动态评估和细化评估提供基础线索。

01 评估过程

（1）准备姿势

评估者用温和的语气指导测试学生，使其以尽量自然放松的常态，站在体态评估表或白色墙壁前，距离评估表或墙壁30～50厘米处，并用相机以学生躯干为中心依次按背面、右侧面、正面、左侧面进行拍摄。

（2）动作拍照

评估者在拍摄的照片中画出关键点连线，并对参与测试学生的动力链进行评估。正面连线应该从两脚尖的中间位置开始，向上延伸到下肢之间，穿过骨盆的中线、躯干和头骨。侧面连线应该从外踝的前侧，穿过股骨中部、肩部中心和耳朵中部。背面连线应该从脚后跟的中间位置开始，向上延伸到下肢之间，穿过骨盆的中线、脊柱和头骨（见图2-1）。

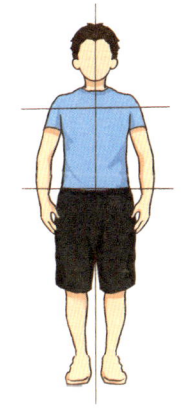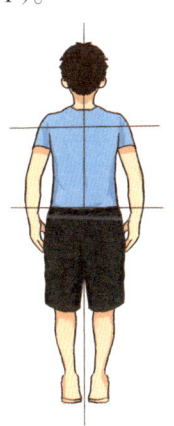

图2-1　正面、侧面及背面观连线示意

02 评价标准

通过对比学生的身体姿态照片与理想身体姿态标准图片进行评估。先整体，后局部。自下而上，以下肢、骨盆、脊柱、肩颈及头部特征为重点观察对象。

（1）正面观

下肢：膝关节与脚趾对齐；足/踝关节垂直且平行。

脊柱：垂直，没有明显的倾斜。

骨盆：水平，两侧髂前上棘在同一横平面。

肩颈及头部：肩部水平，头部处于中立位置。

（2）侧面观

下肢：膝关节在中立位置；足/踝关节在中立位置，腿部与脚底呈直角。

脊柱：垂直，没有明显的屈伸。

骨盆：中立位置。

肩颈及头部：肩部正常后凸曲线，头部处于中立位置。

（3）背面观

下肢：膝关节在中立位置；脚跟朝前，双脚平行。

脊柱：垂直，没有明显的倾斜。

骨盆：水平，两个后髂上棘在同一横平面上。

肩颈及头部：肩胛骨水平，内侧边界基本上平行，头部处于中立位置。

03 双腿站立测试中常见的姿态异常问题

（1）正面观常见问题（见图2-2）

下肢：膝内扣、腿部外旋、外八字或足弓塌陷。

脊柱：脊柱倾斜、肋骨突出。

骨盆：骨盆倾斜。

肩颈及头部：肩部倾斜。

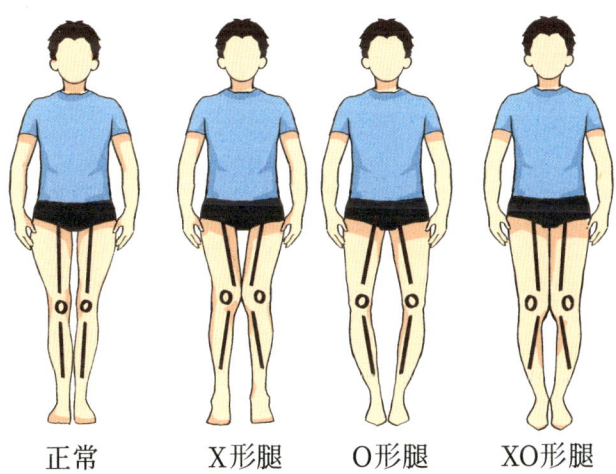

正常　　X形腿　　O形腿　　XO形腿

图2-2　正面观常见姿态异常问题

（2）侧面观常见问题（见图2-3）

下肢：膝关节过伸。

脊柱：上背部过度向前弯曲、腰曲过大、腰曲过小。

骨盆：骨盆倾斜。

肩颈及头部：肩部前移、头部前移。

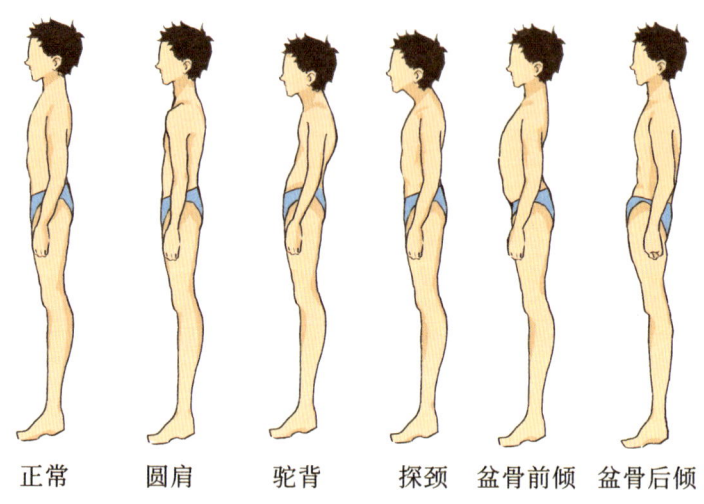

正常　　圆肩　　驼背　　探颈　　盆骨前倾　盆骨后倾

图 2-3　侧面观常见姿态异常问题

（3）背面观常见问题（见图 2-4、图 2-5）

下肢：足跟倾斜、足弓塌陷。

脊柱：脊柱倾斜。

骨盆：骨盆倾斜。

肩颈及头部：肩部倾斜、肩胛骨突出。

第二章　身体姿态异常的简易筛查

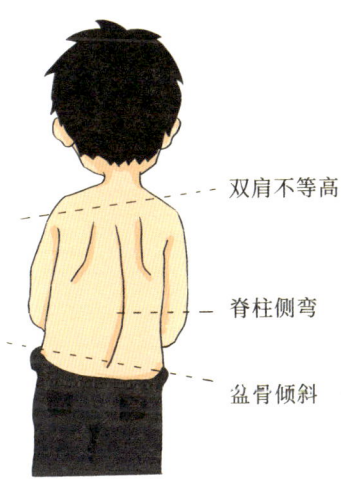

双肩不等高

脊柱侧弯

盆骨倾斜

图 2-4　背面观常见姿态异常问题（上肢）

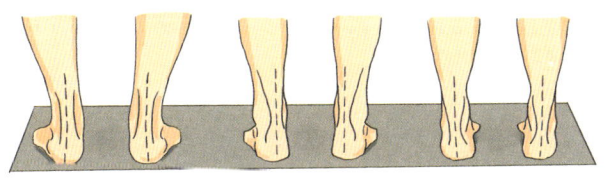

足外翻　　　正常　　　足内翻

图 2-5　背面观常见姿态异常问题（下肢）

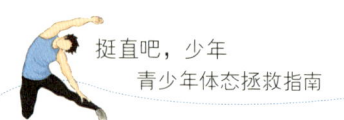

（4）双腿站立测试中常见的姿态异常问题筛查（见表 2-1）

表 2-1　双腿站立测试中常见的姿态异常问题筛查

下肢异常	扁平足	高足弓	X 形腿	O 形腿
正面观	膝内扣 足弓塌陷	小腿部外旋	膝内扣	大腿部外旋
侧面观	/	/	/	/
背面观	足弓塌陷	足跟向内旋转	膝内扣 足弓塌陷	足跟向外倾斜
脊柱异常	脊柱侧弯		驼背	
正面观	脊柱倾斜 骨盆倾斜 肩部倾斜		/	
侧面观	/		弓腰 上背部过度向前弯曲	
背面观	脊柱倾斜 骨盆倾斜 肩部倾斜		背部脊柱突出	
骨盆异常	骨盆前倾	骨盆后倾	长短腿	
正面观	/	/	骨盆倾斜	
侧面观	腰曲过大 小腿过伸	腰曲过小	/	
背面观	/	/	脊柱倾斜	
肩颈及头部	高低肩	翼状肩胛	圆肩	头前伸
正面观	骨盆倾斜 肩部倾斜	/	肩部内扣	/
侧面观	/	/	肩部前移	头部前移
背面观	脊柱倾斜	肩胛突出	/	/

第二节 下肢动态评估

双腿下蹲测试是在个体进行动态运动过程中,对其身体姿态进行实时观察和分析。这个测试主要对被评估学生下肢动作模式、力量平衡水平及身体姿态异常风险进行进一步分析,并为制订针对性的训练和预防方案提供依据。

01 评估过程

(1) 准备姿势(见图2-6)

脱鞋进行评估,以便更好地观察脚部和踝关节。

图2-6 双腿下蹲测试正面、侧面及背面观的准备姿势示意

直立站立，双脚分开与肩同宽，脚尖指向前方，足部和踝关节应处于中立位置。

双手举过头顶，上臂高举于躯干两侧，肘部完全伸直。

（2）动作录像

评估者用温和的语气指导测试学生，使其以尽量自然放松的常态，站在白色墙壁前。

引导学生蹲下到大约一个座椅的高度，然后回到起始姿势，重复动作5次。

在蹲下后用相机以学生躯干为中心依次按背面、右侧面、正面、左侧面进行录像（见图2-7）。

图2-7 双腿下蹲测试正面、侧面及背面观的动作示意

（3）关键帧观察

评估者在录像中找到关键帧（下蹲动作时的最低点）并画

出关键点连线，对参与测试学生的动力链进行评估。正面连线从脚（第二和第三个脚趾）和膝盖相连。侧面画出胫骨角度，且把髋关节、躯干与手臂中线相连。后面连线从两脚中间位置开始，向上延伸穿过骨盆的中线、脊柱和头骨；连接两侧足部和踝关节；连接两侧骨盆最高点（见图2-8）。

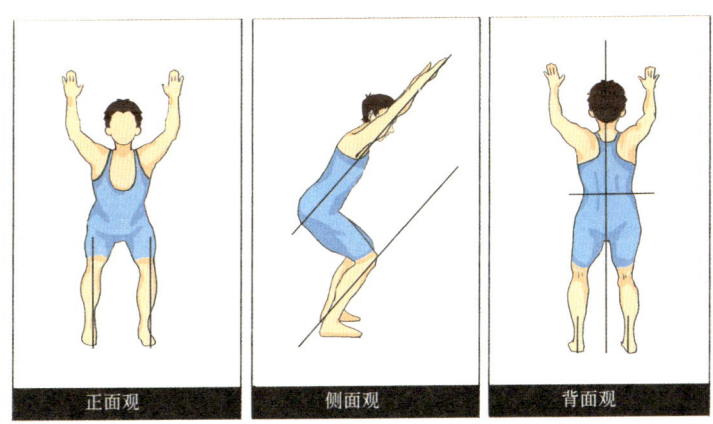

图2-8 双腿下蹲测试正面、侧面及背面观的连线示意

02 评价标准

通过对比学生的身体姿态与理想身体姿态标准进行评估。自下而上，以下肢、骨盆、脊柱、肩颈及头部为重点观察对象。

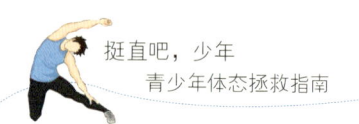

（1）正面观

下肢：脚（第二和第三个脚趾）、膝盖保持一条直线。

脊柱：垂直，没有明显的倾斜。

骨盆：水平，髋关节应在同一横平面。

肩颈及头部：肩部水平，抬高时没有明显的角度差距，头部处于中立位置。

（2）侧面观

下肢：两侧小腿胫骨与躯干保持一致的角度。

脊柱：正常曲线。

骨盆：髋、躯干与肩部保持一条直线。

肩颈及头部：双侧手臂与躯干保持一致的角度，头部处于中立位置。

（3）背面观

下肢：膝关节在中立位置，不内收或外展；脚尖朝前，双脚平行。

脊柱：垂直，没有明显的倾斜。

骨盆：水平，两个后髂上棘在同一横平面上。

肩颈及头部：肩胛骨水平，不上提或前伸（内侧边界基本上平行），头部处于中立位置。

03 双腿下蹲测试中常见的姿态异常问题

（1）正面观常见问题（见图2-9）

下肢：足弓塌陷、外八字、膝盖内扣及膝盖外移。

肩颈及头部：肩部左右倾斜。

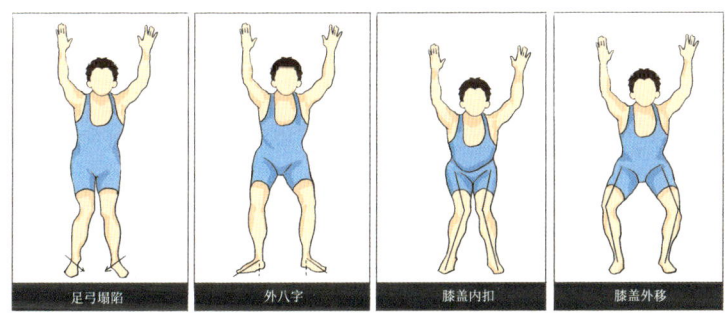

图 2-9　正面观常见姿态异常问题

（2）侧面观常见问题（见图2-10）

脊柱：塌腰、弓腰、躯干过度前倾。

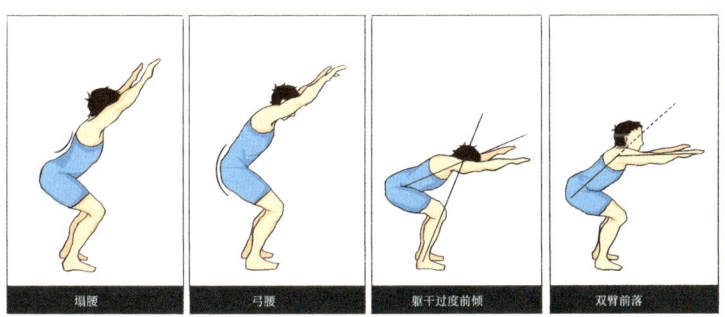

图 2-10　侧面观常见姿态异常问题

肩颈及头部：手臂与躯干没有保持一致的角度，向前落下或两臂角度不一致。

（3）背面观常见问题（见图2-11）

下肢：足弓塌陷、足跟抬起。

脊柱：脊柱左右倾斜。

骨盆：骨盆左右倾斜、重心偏移。

肩颈及头部：肩部倾斜、肩胛骨突出。

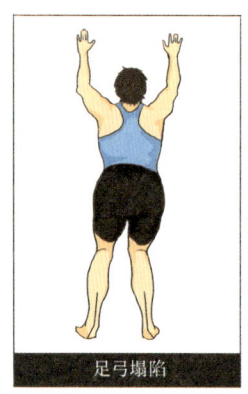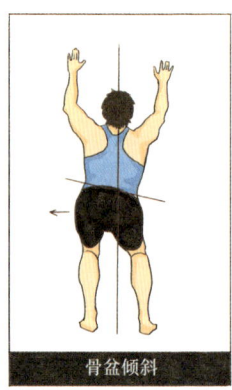

图2-11 背面观常见姿态异常问题

（4）双腿下蹲测试中常见的姿态异常问题（见表2-2）

表2-2 双腿下蹲测试中常见的姿态异常问题

双脚下蹲测试	常见异常	可能产生的姿势异常
下肢特征	足弓塌陷	扁平足
	外八字 足跟抬起	高足弓
	膝盖内扣	X形腿
	膝盖外移	O形腿
脊柱特征	脊柱左右倾斜	脊柱侧弯
	躯干过度前倾	驼背 骨盆前倾
	塌腰 弓腰	骨盆前倾 骨盆后倾
骨盆特征	骨盆左右倾斜 重心偏移	长短腿 脊柱侧弯
肩颈及头部特征	手臂与躯干没有保持一致的角度 肩部倾斜	高低肩 脊柱侧弯
	肩部前移 向前落下或两臂角度不一致	圆肩
	肩胛骨突出	翼状肩胛

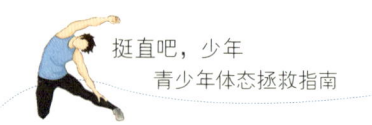

第三节 上肢动态评估

俯卧撑测试是在个体进行动态运动过程中,对其身体姿态进行实时观察和分析。这个测试主要评估骨盆、上肢和颈椎稳定的功能,对学生上肢动作模式及身体姿态异常风险进行进一步分析,并为制订针对性的训练及预防方案提供依据。

01 评估过程

(1)准备姿势

指导测试学生采取俯卧姿势,手大致与肩同宽,膝盖完全伸展。根据个人的能力,也可以使用退阶版本的俯卧撑(见图2-12)。

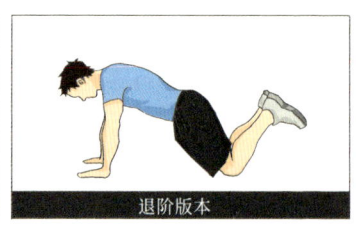

图 2-12 俯卧撑准备姿势(正常版本与退阶版本)

(2) 动作录像

评估者用温和的语气指导测试学生，使其推起身体，胸部远离地面，指导肩胛骨前伸，然后回到起始姿势。测试学生做动作要缓慢一致，建议采用2秒推起—0秒保持—2秒下落的节奏，重复动作10次。用相机以学生躯干为中心依次按右侧面和左侧面进行录像。

(3) 关键帧观察

评估者在录像中找到关键帧（完全推起时）的姿态特征，对参与测试学生的动力链进行评估。

02 评价标准

通过对比学生拍摄的身体姿态与理想身体姿态标准进行评估。自下而上，以下肢、骨盆、脊柱、肩颈及头部为重点观察对象，整个身体要作为一个整体运动。

03 俯卧撑测试中常见的姿态异常问题

(1) 常见问题（见图2-13）

脊柱：腰部下沉、腰部拱起。

肩颈及头部：耸肩，肩胛突出，头部、颈椎过伸。

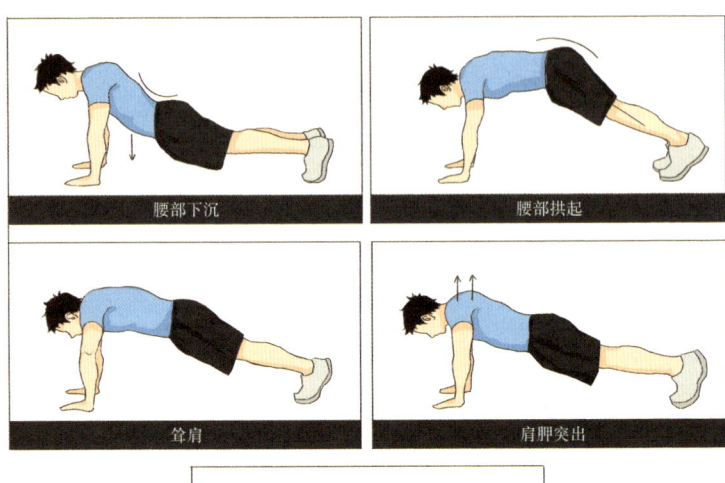

图 2-13 俯卧撑动作常见姿态异常问题

（2）俯卧撑测试中常见的姿态异常问题（见表 2-3）

表 2-3 俯卧撑测试中常见的姿态异常问题

俯卧撑测试	常见异常	可能产生的姿势异常
脊柱特征	腰部下沉	骨盆前倾
	腰部拱起	骨盆后倾
肩颈及头部特征	耸肩	圆肩
	肩胛突出	翼状肩胛
	头部、颈椎过伸	头前伸 驼背

第三章

中小学生常见的身体姿态异常及解决方案

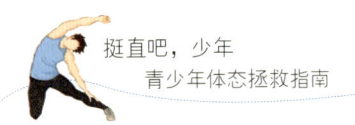

在前一章节中,我们对中小学生常见的身体姿态异常进行了一系列的基础评估。在本章中,我们将进一步详细讨论这些身体姿态异常及细化评估,并着重探讨纠正性训练方法。

第一节 下肢

下肢的身体姿态异常主要是通过足部和膝关节的异常来进一步判断的。其中,足部是所有站立位活动(站立、坐—立位转换、步行、跑步、跳跃等)的支撑点。足弓异常是一种常见的足部问题,容易引起与其连接的下肢关节对线不良,以及全身其他关节(如骶髂关节和脊柱关节)的对线不良,从而导致多种健康问题。常见的下肢问题有扁平足、高足弓、X形腿和O形腿。

01 扁平足

扁平足是常见的足部疾病,其主要特征是内侧足弓塌陷,同时伴随跟骨位置不稳、舟骨突出等症状[17]。这是一种常见的慢性疾病,据研究显示,我国青少年扁平足患病率高达

49%[18]。儿童青少年阶段产生扁平足的主要原因是发育阶段韧带松弛、肌腱乏力或腿部肌肉力量发展失衡，在严重状况下，可能导致足底疼痛、筋膜炎，甚至引发骨盆倾斜旋转、脊椎侧弯等现象[18-19]。扁平足示意图见图 3-1。

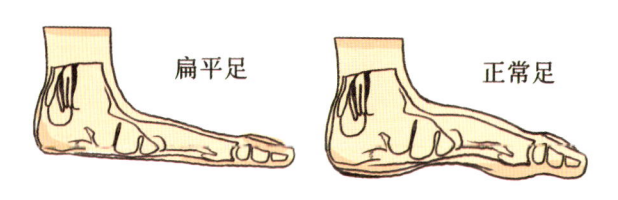

图 3-1　扁平足示意

（1）扁平足的细化评估

轻度扁平足可以通过纠正性训练矫正，而重度扁平足可能已经导致构成足弓的骨骼相互位置异常的情况，这时通过训练矫正难度较大，可能需要接受手术治疗。家长可通过如下测试（见图 3-2）来判断孩子扁平足的严重程度，具体操作步骤：打湿双脚足底，坐在高凳上，把双脚一起踩在试纸上，然后缓慢站起来，再于原位坐下后，将双脚抬离试纸。在足印内侧画一条线，从足跟中心点到第三趾中心点画第二条线，两线相交成角，再画角平分线为第三条线。观察直线与足弓内外缘的距离，并对照图 3-2 判断：正常足弓内缘在第 2 线与第 3 线之间，如果足弓内缘接近第 3 线为轻度扁平足，如果足弓内缘超过第 3 线为中度扁平足，如果足弓内缘超过第 1 线为重度扁平足。

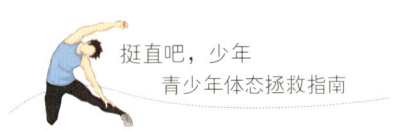

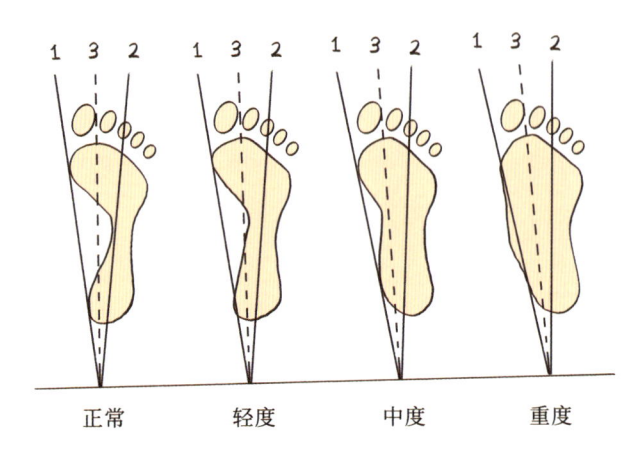

图 3-2 鉴别扁平足严重程度

若已经存在扁平足特征，家长可通过如下测试（见图 3-3）来判断孩子扁平足是否已经存在骨性异常：第一幅图片展示的是模特为扁平足；第二幅图片显示当模特的大拇指抬高时，足弓得以恢复，说明该模特的扁平足具有较大的矫正空间。若在大拇指抬高后，足弓仍无法恢复，则表明其扁平足可能存在骨性异常，需要去医院进行进一步检查。

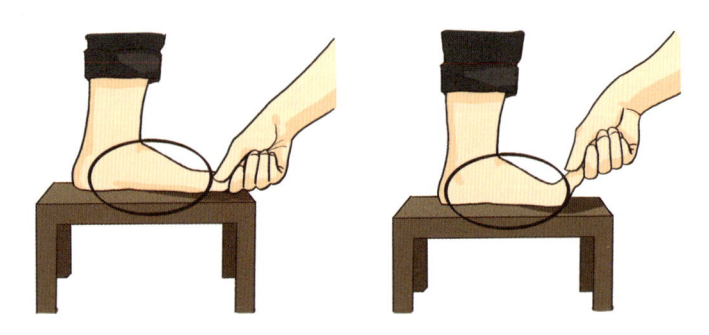

图 3-3 鉴别扁平足是否存在骨性异常

（2）扁平足改善训练的建议

① 足底放松

在足底放一个网球或筋膜球，来回滚动，直到感觉到酸痛点或压痛点（见图 3-4）。在每个酸痛点暂停，并施加一定的压力，以帮助每个酸痛点放松。每天在每只足下滚动 30 秒至 1 分钟，疼痛更明显的一侧可以增加滚动时间。

足底放松动作视频

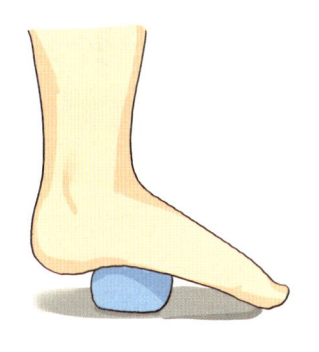

图 3-4　足底放松动作示意

> **注意事项**

训练时避免使用过大的压力影响到足部骨骼。如感觉强度不够可更换为高尔夫球或硬质球体；或滚动时脚尖向上勾起，增加主动拉伸。如果感觉太痛，尝试坐着训练（见图 3-5）。

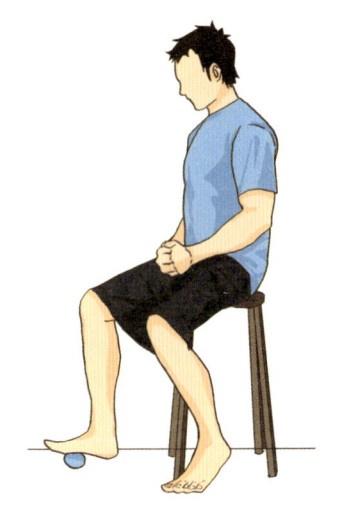

图 3-5 足底放松动作（退阶）示意

②小腿后侧按摩

坐立位，将需要按摩一侧的足踝放在对侧腿的膝上，用手抓住小腿肚，上下按摩肌肉，按摩目标结节或粘连部位。每天按摩 1～2 分钟（见图 3-6）。

小腿后侧按摩动作视频

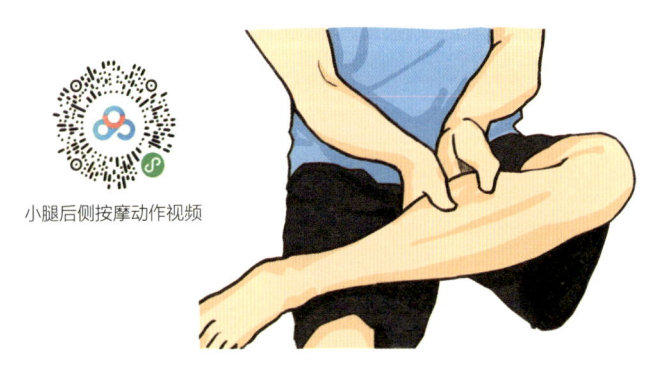

图 3-6 小腿后侧按摩示意

注意事项

为了更好地坚持,可以在看电视或者工作的时候进行按摩。如感觉强度不够,可在小腿处使用按摩设备(如筋膜枪)。如果痛感太强,可将球体(如网球或筋膜球)放在书上,把小腿肌肉放在球上面滚动按压(见图3-7)。

小腿后侧按摩道具动作视频

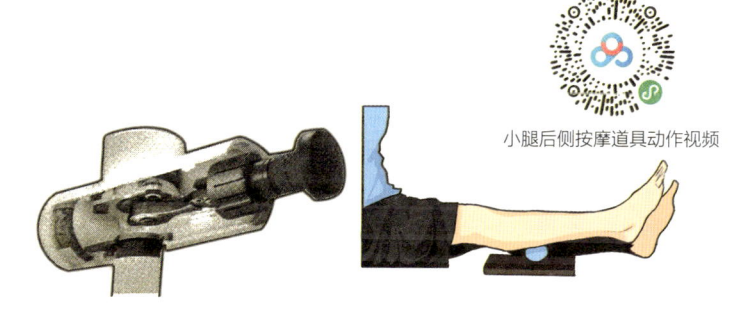

图3-7 小腿后侧按摩道具 筋膜枪(左)小球(右)

③脚趾下推训练

站立,双脚朝前,抬起内侧纵弓,使足部和踝部保持中立姿势。将脚趾对齐,保持脚趾伸直,并将大脚趾用力朝地板下推,不要"扭动"其他脚趾。先进行静力停留,然后身体轻轻地前后摇动,加大动作,使用大脚趾来控制体重在足部的移动。静力停留20～30秒,每天重复2～3组,每组进行10～15次重复的动态运动(见图3-8)。

脚趾下推训练动作视频

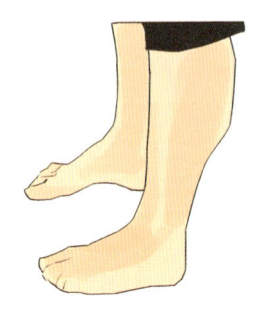

图 3-8　脚趾下推训练示意

> **注意事项**

逐步进行这项训练，以避免肌肉过度疲劳导致抽筋。如果感觉不能很好地控制足部，可以先练习用脚趾卷起一条毛巾，强化脚趾力量（见图 3-9）。

图 3-9　脚趾抓握训练示意

④提踵训练

站立，面向墙面，双手可以扶着墙面，每次踮脚到最末端维持 5 秒后缓慢放下，每天重复 2～3 组，每组进行 10～15 次重复的动态运动（见图 3-10）。

提踵训练动作视频

图 3-10　提踵训练示意

注意事项

循序渐进地进行这项训练，适当决定踮起的高度，以避免肌肉过度疲劳导致抽筋。

02 高足弓

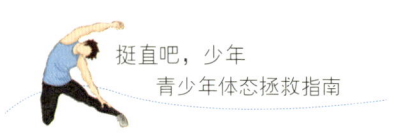

高足弓,也叫弓形足,是一种脚的形状异常,特点是脚掌短,中间部分向上翘起。站着的时候重心主要在脚后跟和脚趾根部,而且脚趾可能还会变成爪子状(见图3-11)。高足弓是常见的足部畸形问题。在普通人群中有10%~15%为高足弓[20]。高足弓孩子相比正常足弓的孩子在常速行走时全足与中足支撑面积较小,前足压力较大,脚趾压力较小,全足、前足及后足压力冲量较大。高足弓的孩子下肢因长期承受较高的冲击力而引发损伤,尤其在进行体育活动时,损伤率高达60%[21]。

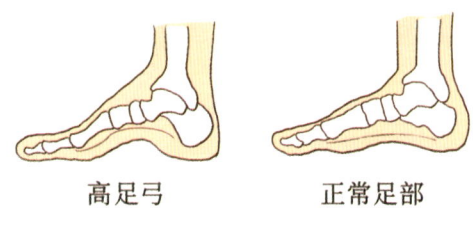

图 3-11 高足弓示意

(1) 高足弓的细化评估

打湿双脚足底,坐在高凳上,把双脚一起踩在试纸上,然后缓慢站起来,再于原位坐下后,将双脚抬离试纸。在足印内侧画一条线,从足跟中心点到第三脚趾中心点画第二条线,两线相交成角,再画角平分线为第三条线。观察直线与足弓内外缘的距离：正常足弓内缘在第 2 线和第 3 线之间，如果足弓内缘超过第 2 线的外侧，但前脚掌与脚后跟的印迹仍然连接在一起为轻度高足，足弓内缘超过第 2 线的外侧，但前足前脚掌与脚后跟的印迹断开为重度高足弓（见图 3-12）。

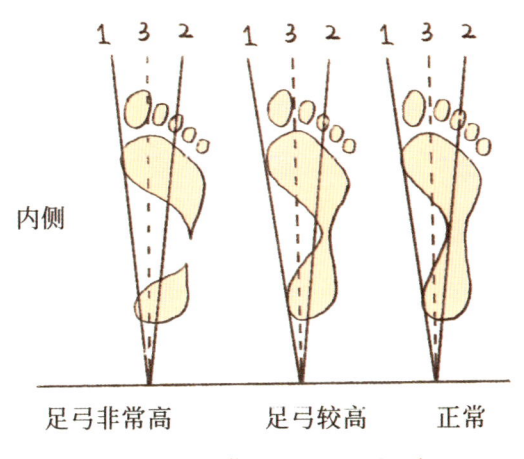

图 3-12　鉴别高足弓严重程度

（2）高足弓改善训练的建议

①足底拉伸训练

光脚站立，一只脚向前，足趾朝上推靠墙壁或半泡沫轴，保持前足掌球形区域与地板接触（见图 3-13）。朝向墙壁或使用半泡沫轴慢慢弯曲膝和踝，拉伸足底。保持拉伸 10～15 秒，放松，然后重复。每只脚每天循环训练 1～3 次。

足底拉伸动作视频

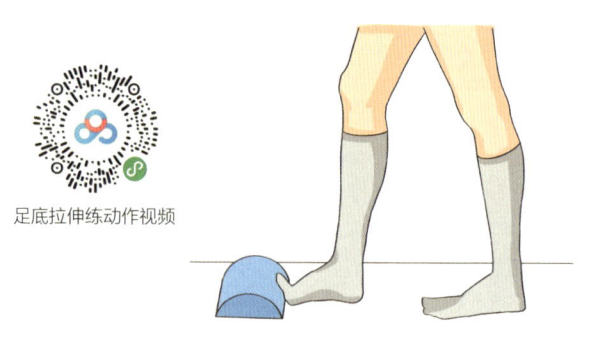

图 3-13 足底拉伸训练示意

> **注意事项**

在练习时尽量保持髋部水平。使用墙壁进行拉伸时,将手放在墙上,以保持髋部和躯干在同一条线。如果感觉强度不够,可以继续屈膝向下,逐渐增大拉伸幅度。如果感觉到脚底或踝前部抽筋或不适,请马上停止并进行放松。

②小腿拉伸训练

一只脚在前,另一只脚在后面,对墙站立,把手放在墙上保持平衡。骨盆水平,面向正前方,稍稍屈曲后侧膝关节,身体轻轻向前倾斜,始终保持双脚与地面接触。保持拉伸20～30秒,放松,再重复。每天每侧循环练习1～2次(见图3-14)。

小腿拉伸动作视频

图 3-14 小腿拉伸训练示意

注意事项

在练习时尽量保持髋部水平。使用墙壁进行拉伸时,请将手放在墙上,以保持髋部和躯干在同一条线上。如果感觉强度不够,可以继续勾起后侧脚趾增大拉伸幅度(见图3-15)。

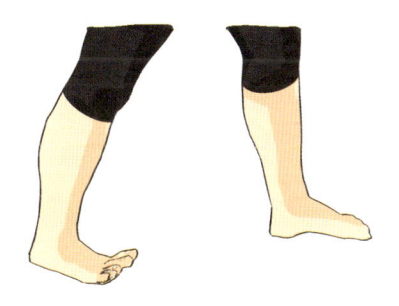

图 3-15　小腿拉伸训练(进阶)示意

③足背激活训练

脚跟着地,抬起脚趾,随后将大脚趾轻轻触地,保持其他四个脚趾抬起,然后改变顺序,将大脚趾抬起,放下其他四个脚趾,每天完成3～4组,每10次为一组(见图3-16)。

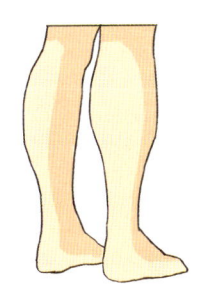

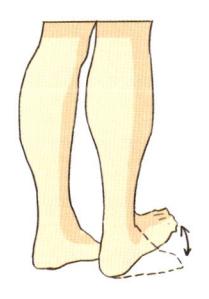

足背激活训练动作视频

图 3-16　足背激活训练示意

> **注意事项**

循序渐进地进行这项训练,以避免肌肉过度疲劳导致抽筋。如果感觉到脚底或踝前部抽筋或不适,请马上停止并进行足底拉伸。

④脚趾捡球训练

将几个小球放在地板上,用脚趾把小球一个个捡起来,随后将捡起来的小球放进容器中,随着练习的深入可以逐渐增加球的大小和重量(见图 3-17)。

脚趾捡球训练动作视频

图 3-17　脚趾捡球训练示意

> **注意事项**

如果没有小球,尽量选择光滑表面的物体,避免刺伤。循序渐进地进行这项训练,以避免肌肉过度疲劳导致抽筋。如果感觉脚底或踝前部抽筋或不适,请马上停止并进行足底拉伸。

03 X形腿

X形腿,也叫"膝外翻",特点是站着的时候两条膝盖碰在一起,双脚无法合拢。这种问题常见于儿童和青少年,如果只有一条腿有问题,看起来就像字母"K",所以也被称为K形腿,这也是X形腿的一种特殊类型,还有XO形腿等。X形腿的大腿内旋肌肉通常紧张,髋外旋肌肉力量不足(XO形腿还会出现髂肌束、股二头肌长头紧张,导致小腿胫骨外旋,形成O型小腿,见图3-18)。同时,还会有不同程度的足踝关节问题,使得小腿肌肉不得不代偿,进一步加重胫骨的旋转程度。长时间的异常用力会使得膝关节承受过大的压力,导致软骨、半月板等结构受损,出现膝关节疼痛、站姿不稳、走路和跑步困难等症状,严重影响孩子的生活质量。大约有20%的孩子,他们

图3-18 X形腿示意

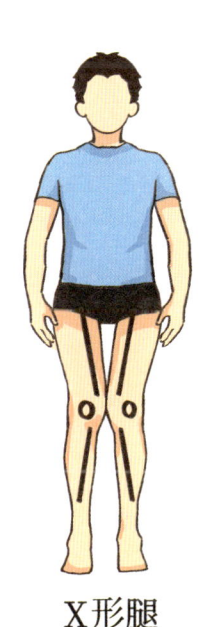

的膝外翻超出了正常范围，如果早期不加以重视，就会变成永久性的畸形，无法通过自身发育恢复下肢的正常力线排列[22]。

（1）X形腿的细化评估

具体操作：站立双脚并拢，根据两踝内侧距离（用"n2"表示）来判断严重程度：两踝间隔在 1～5 厘米（包括 5 厘米）为轻度，两踝间隔在 5～10 厘米（包括 10 厘米）为中度，两踝间隔在 10 厘米以上者为重度。如果脚和膝盖都可以并拢，但小腿胫骨分开距离过大则为 XO 形腿（见图 3-19）。

轻度：1 厘米 < n_2 ≤ 5 厘米
中度：5 厘米 < n_2 ≤ 10 厘米
重度：n_2 > 10 厘米

图 3-19　X 形腿的细化评估

（2）X形腿改善训练的建议

①大腿前侧放松

俯卧位，把泡沫轴垂直放在大腿下面，使大腿感受到压力。用上半身支撑将泡沫轴滚到大腿上不同的痛点，将身体重量置于其上几秒，来帮助组织放松；保持腹部收紧，以确保下背部不会过度塌腰。每天每条腿滚动 1～2 分钟（见图 3-20）。

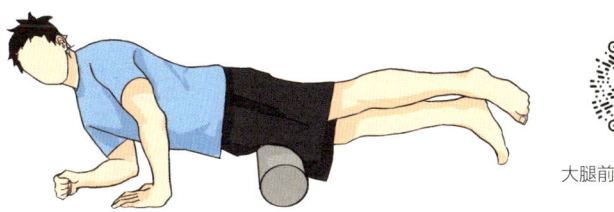

图 3-20　大腿前侧放松示意

注意事项

沿大腿前外侧和前侧滚动（大概在髋部以下 15 厘米），如感觉强度不够，可在滚动时屈膝进行拉伸。如果感觉太痛，可以采用俯卧或侧卧，使用网球进行按摩（见图 3-21）。

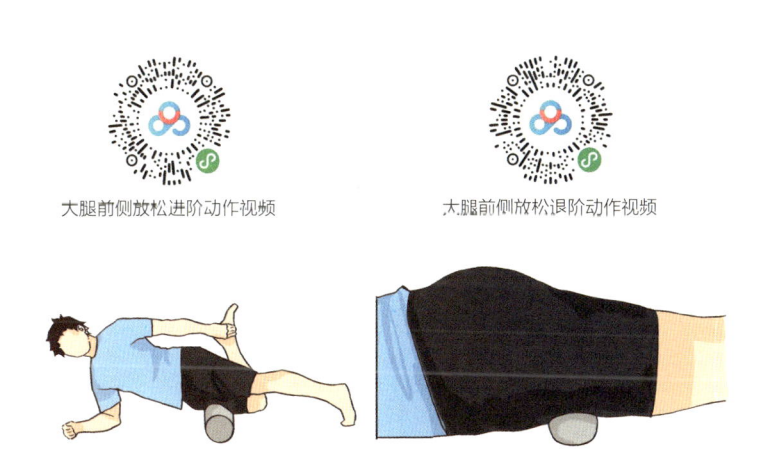

大腿前侧放松进阶动作视频　　　大腿前侧放松退阶动作视频

图 3-21　大腿前侧放松动作（左进阶，右退阶）示意

②大腿内侧放松

俯卧，弯曲目标腿的膝和髋关节，将泡沫轴垂直于大腿内侧放置。在大腿内侧找到酸痛部位，在上面压几秒，帮助组织放松。移动上身，使泡沫轴滚动至大腿内侧不同的酸痛部位。每天每侧滚动 1～2 分钟（见图 3-22）。

大腿内侧放松动作视频

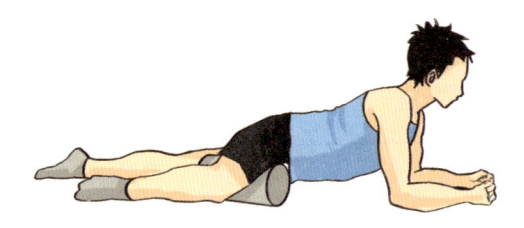

图 3-22　大腿内侧放松动作示意

注意事项

在进行这个练习时不要让下背部塌陷。如果痛感太强，可用加热毯（或其他）热敷大腿内侧。

③侧卧抬腿训练

侧卧，在头部下面放一个半泡沫轴或枕头，使头部与脊柱保持在一条线上。伸直下侧腿，上侧腿屈曲叠放在下侧腿上且膝盖向地面降低。髋部发力，慢慢抬起上侧膝部，进行静力性训练，将腿部保持在最高位置 20～30 秒，每天 4～5 组，每组重复 2～3 次（见图 3-23）。

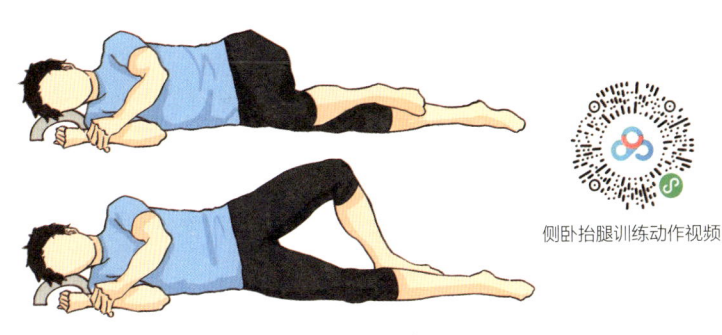

图 3-23　侧卧抬腿训练示意

侧卧抬腿训练动作视频

注意事项

在训练中，注意不要出现腿部上抬阶段的 3 种代偿问题：膝关节猛提、骨盆前旋、躯干旋转。如果没有感觉到髋部两侧的收缩，缓慢增加运动的下降阶段的时间，以帮助激活这些肌肉。

④鸭子蹲起训练

双脚脚跟并拢站立，双脚和双腿像鸭子一样向外旋转。收紧臀部，使双腿进一步向外旋转，保持稳定后向下蹲起。保持静力性收缩 15～20 秒，随后进行动态蹲起。每天 2～3 组，每组重复 10～15 次动作（见图 3-24）。

鸭子蹲起训练动作视频

图 3-24　鸭子蹲起训练示意

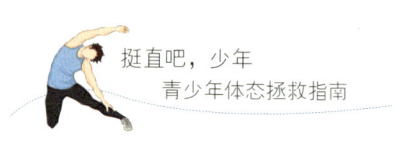

注意事项

如果感到膝盖疼痛，则不进一步进行动态练习。如果疼痛持续，要及时停止训练。

04 O形腿

O形腿，也被称为"膝内翻"，所呈现的外观是自然站立状态下，双侧下肢伸直，两侧脚踝并拢，双侧膝内侧无法相互触及，或两膝关节内侧并拢，但小腿间存有间隙，无法并拢[23]（见图3-25）。O形腿的孩子腿型是外侧的肌肉更发达，而内侧的肌肉发育不够充分。运动时，他们的膝关节外侧副韧带容易变得松弛，这可能会导致髌骨脱位。一旦发生这种情况，膝盖的活动能力就会受影响，还可能引发关节炎等疾病。这些病痛会影响孩子的生活质量，家长应及时关注和治疗。

O形腿

图3-25
O形腿示意

（1）O形腿的细化评估

具体操作：站立双脚并拢，根据两膝内侧距离（用"n_1"来表示）来判断严重程度：两膝间隔在1～3厘米（包括3厘米）为轻度，两膝间隔在3～6厘米（包括6厘米）为中度，两膝间隔在6厘米以上者为重度（见图3-26）。

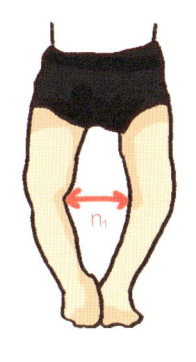

轻度：1厘米 < n_1 ≤ 3厘米
中度：3厘米 < n_1 ≤ 6厘米
重度：n_1 > 6厘米

图 3-26 O 形腿的细化评估

（2）O 形腿改善训练的建议

①大腿前侧放松

俯卧位，把泡沫轴垂直放在大腿下面，使大腿感受到压力。用上半身支撑将泡沫轴滚到大腿上不同的痛点，将身体重量置于其上几秒，来帮助组织放松；保持腹部收紧，以确保下背部不会过度塌腰。每天每条腿滚动 1～2 分钟（见图 3-27）。

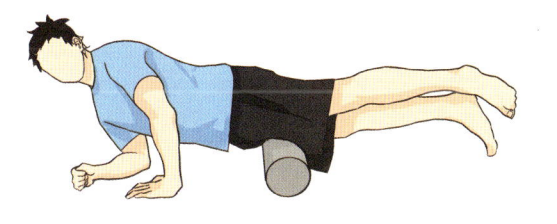

大腿前侧放松动作视频

图 3-27 大腿前侧放松动作示意

注意事项

沿大腿前外侧和前侧滚动（大概在髋部以下 15 厘米），如感觉强度不够，可在滚动时屈膝进行拉伸。如果感觉太痛，可以采用俯卧或侧卧，使用网球进行按摩（见图 3-28）。

大腿前侧放松进阶动作视频

大腿前侧放松退阶动作视频

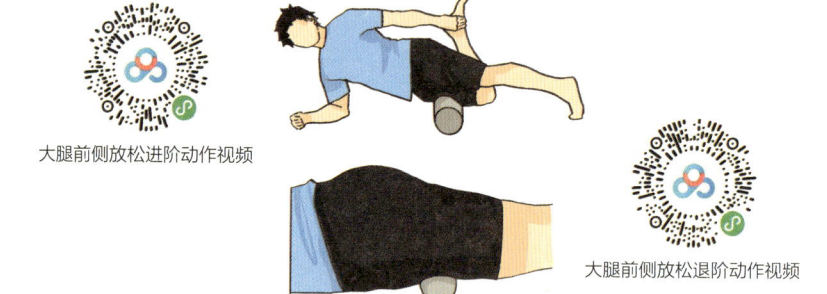

图 3-28　大腿前侧放松动作（左进阶，右退阶）示意

② **大腿外侧放松**

侧卧姿势，把下侧前臂放在地板上，把下侧腿上部放在泡沫轴上，压力集中于腿的外侧。把另一侧腿放到身体前面，脚平放于地板上。从下侧腿髋部滚到下侧腿膝关节处，一次滚动 3~5 厘米，主要集中于酸胀部位。每天每条腿滚动 30 秒到 2 分钟（见图 3-29）。

大腿外侧放松动作视频

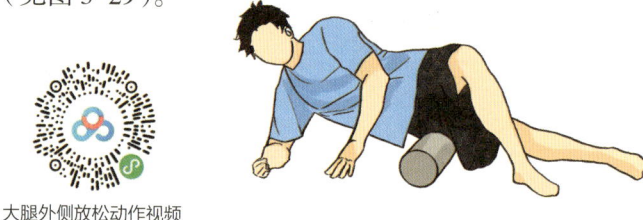

图 3-29　大腿外侧放松动作示意

注意事项

使用泡沫轴滚动时不要超过膝关节。如感觉强度不够可用一个更硬（密度更大）的泡沫轴，或者双腿叠放。如果痛感太强，可以侧卧在网球上，静止不动，当大腿外侧的张力降低后，沿着外侧移动网球到每一个酸痛点进行放松（见图 3-30）。

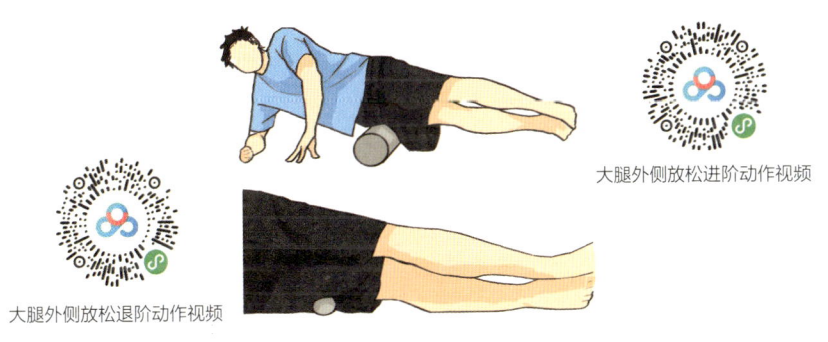

图 3-30　大腿外侧放松动作（左进阶，右退阶）示意

③仰卧臀桥训练

仰卧在地板上，双膝弯曲。两脚用力蹬地，将臀部向正上方推起。在顶端短暂停留，保持膝、髋、踝在一条直线上。之后缓缓回到初始位。每天 2～3 组，每组重复动作 12～15 次（见图 3-31）。

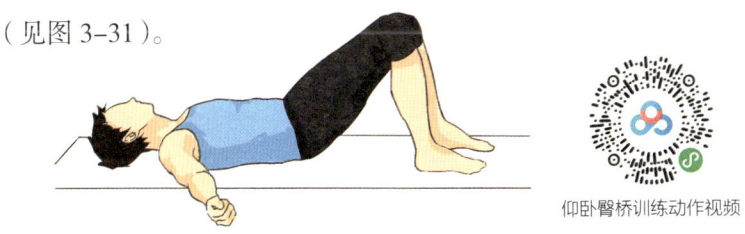

图 3-31　仰卧臀桥训练示意

> **注意事项**

开始时要温和缓慢地做这个动作，让臀部始终保持发力的状态。

④夹毛巾下蹲训练

双膝并拢站立，在双膝之间夹一条毛巾，双膝努力夹紧毛巾。稳定后进行下蹲动作，当大腿与地面平行时进行 3～5 秒的短暂停留，同时双膝努力向内收紧。完成后缓缓回到初始位。每天 2～3 组，每组重复动作 12～15 次（见图 3-32）。

夹毛巾下蹲训练动作视频

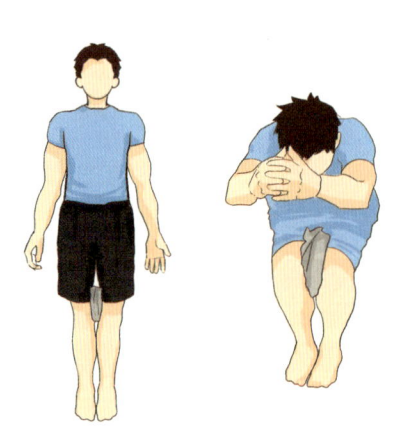

图 3-32　夹毛巾下蹲训练示意

> **注意事项**

注意在下蹲时膝盖不要超过脚尖，脚底始终不离开地面。循序渐进地进行这项训练，以避免肌肉过度疲劳导致抽筋。

第二节　脊柱

脊柱区域常见的弯曲异常是影响儿童青少年健康的一种常见病，它是指脊柱的一个或数个椎体非自然地向侧方弯曲或伴有旋转，导致脊柱正常生理曲度发生改变，表现出三维脊柱和躯干扭转异常的脊柱畸形[24]。常见的脊柱弯曲异常有脊柱侧弯和驼背。

01 脊柱侧弯

脊柱侧弯表现为脊柱侧向弯曲、两侧肩膀不一样高（高低肩）、弯腰时单侧肩胛骨向后突出、歪脖子等姿势异常（见图3-33）。我国目前约有500万名青少年患有脊柱侧弯且每年仍然在以30万人的速度递增，青少年在11～13岁时侧弯的角度发展非常迅速，如果不及时进行相应的干预，脊柱侧弯会导致脊柱的不对称负重而增加脊柱的压力；椎间盘和脊椎韧带受损会导致脊柱的稳定性不足。严重的脊柱侧弯会导致胸廓畸形，心肺受到严重压迫，最终会使得心肺的生长发育受到限制、心肺功能不全，具体表现为呼吸困难和全身性缺血缺氧。应对脊柱侧弯早发现、早治疗是关键，可以防止畸形进一步发展。

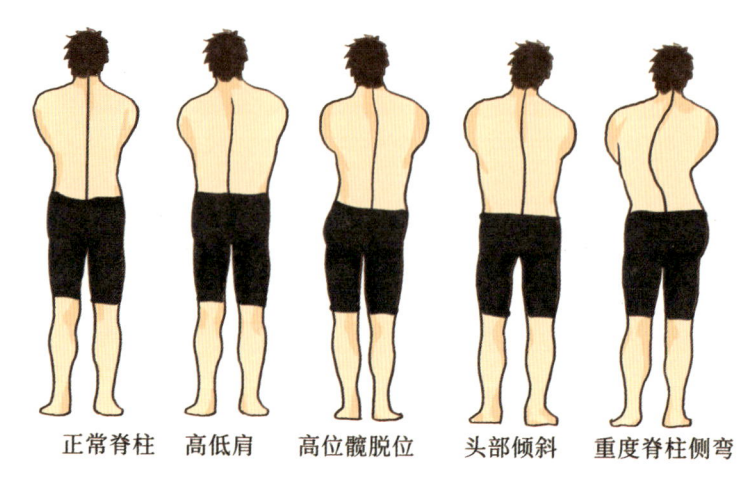

正常脊柱　高低肩　高位髋脱位　头部倾斜　重度脊柱侧弯

图 3-33　脊柱侧弯示意

（1）脊柱侧弯的细化评估

前屈脊柱测试是在静态和动态评估基础上的细化评估，这一阶段主要包括对脊柱区域进行详细评估，以便更准确地了解身体姿态问题的根源。具体操作方法：让孩子站在光线明亮处，暴露脊背背向家长，直膝合足，自然站立，双臂伸直合掌，肩胛骨自然下垂，贴紧胸壁。缓慢向前弯腰至 90° 左右，双手合掌逐渐置于双膝之间。家长目光平行，随孩子弯腰从颈椎一直观察到腰部，注意脊柱两侧是否高低不平，背部任何部位出现不对称均可能为脊柱侧弯（见图 3-34）。

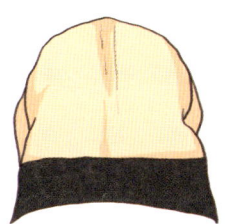

图 3-34　前屈脊柱测试

（2）脊柱侧弯改善训练的建议

①下背部按摩

仰卧，眼睛视线和天花板保持垂直，在颈部下放一个枕头。弯曲膝关节，使骨盆向后倾斜，将一个网球放在下背部脊柱一侧（重点放松脊柱侧弯的一侧），调整球的位置，直到找到一个酸胀部位，并保持这一动作来释放张力。来回移动你的身体，滚动球寻找其他酸痛部位，并保持这一动作来继续释放张力。每个酸痛部位按压 20～30 秒。每天总共进行 2～3 分钟（见图 3-35）。

下背部按摩动作视频

图 3-35　下背部按摩动作示意

注意事项

不要把球放在离脊柱太近的部位。同时,当球沿着脊柱向胸腔底部移动时,不要对这个部位施加太多的压力,因为可能会引起不适。如感觉强度不够,可屈膝,将按摩一侧的脚踝放在另一侧腿的膝上。如感觉酸痛感太强,可用手支撑另一侧髋部,以帮助保持骨盆水平(见图3-36)。

下背部按摩退阶动作视频

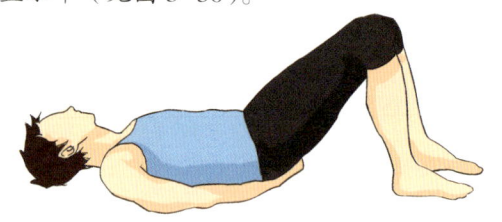

图3-36 下背部按摩动作(退阶)示意

②门框拉伸

站在门框边上,远离门框侧手臂向上举过头顶并用手抓住门框,靠近门框侧的手于大腿等高处抓住门框。靠近门框侧足向前迈步,躯干整体向外侧延展,以将髋部"推离"门框。加大拉伸幅度,轻轻转动举起的手臂下方的胸椎,防止髋部旋转。换对侧重复动作。每侧拉伸10~15秒为一组,每天至少一次,每次2~3组(见图3-37)。

门框拉伸动作视频

图3-37 门框拉伸动作示意

> **注意事项**

如果在运动期间感到下背部不适,请将双足分开,使其与肩同宽,不要将双足交叉。

③仰卧旋转拉伸

仰卧,膝弯曲,抬起膝关节并越过腹部。在双膝之间放置泡沫轴或枕头,以尽可能减少腰部不适。将膝置于身体的左侧,同时保持肩胛骨、手臂和右手的手掌平放在地板上。头朝腿的同方向转。保持髋部弯曲 90°,让背部与臀部尽量呈一条直线。换对侧重复动作,保持拉伸 15～20 秒为一组,每天重复 2～3 组动作(见图 3-38)。

仰卧旋转拉伸动作视频

图 3-38　仰卧旋转拉伸示意

注意事项

如果感到下背部疼痛，增加腿间支撑物的厚度；如果感到肩部或胸部疼痛，请将两个手掌都向上翻转。

④猫式伸展

跪在垫子上，两膝打开与臀部同宽，脚背紧贴在地上，脚板朝天。挺直腰背，注意大腿与小腿及躯干均呈直角，使躯干与地面平行。双手手掌撑在地上，置于肩下面正中位置，手臂应垂直于地面，同时与肩同宽。吸气，同时慢慢地将臀部翘高，腰向下微曲，形成一条弧线。眼望前方，双肩下垂，保持颈椎与脊椎连成一条直线，不要过分把头抬高。呼气，同时慢慢地把背部向上拱起，带动脸向下方，视线望向大腿位置，直至感到背部有伸展的感觉。配合呼吸，缓慢完成 10～15 次为一组，每天 2～3 组（见图 3-39）。

猫式伸展动作视频

图 3-39 猫式伸展动作示意

> **注意事项**

如果感觉到膝盖疼痛，可以在膝盖下方垫一条毛巾；如果感觉到脚背疼痛，可以采用脚趾回勾用力推地的方式跪立；如果感觉到脊柱疼痛，舒缓地完成动作；如感觉到呼吸不畅，则及时停止训练。

02 驼背

驼背，即儿童背部呈圆弧状向后隆起，是胸椎后凸引起的脊柱弯曲异常状态[25]。在我国一项针对儿童青少年体态问题的调查中，高达73.80%的孩子遭受驼背的困扰[26]。在中小学生群体中，驼背主要源于不良的生活习惯，如长时间低头使用手机、沉迷游戏，或坐姿、站姿不正确等。驼背不仅对心肺产生压迫，影响血液循环，还可能引发肩背部疼痛、疲劳等症状。长期驼背还可能导致身高受限，影响孩子的自信心，从而对其社交和心理健康产生负面影响。

（1）驼背的细化评估

让孩子侧对着家长，将家长一只手的手指放在他颈部后方的颈椎底端（具体位置：让孩子向下看足，然后再抬头。有一块颈椎明显地降低了移动的范围，并且它正上方的椎体略微突出处）。另一只手的示指伸直，与地面平行，放在孩子躯干前

部、锁骨中间的凹槽处。当两根手指都就位时，评估你两根手指的高度差（见图 3-40）。

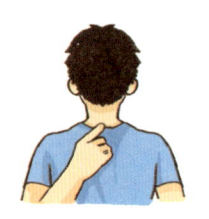

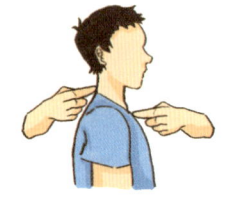

图 3-40　驼背细化评估

当骨骼位置排列良好时，胸部前方的示指应该比颈后的手指低大概 3.8 厘米。如果家长前后两根示指高度差大于 3.8 厘米，则说明孩子存在胸椎过度后凸的问题。两根手指间的高度差越大（大于 3.8 厘米），胸椎过度后凸的问题越严重（评估过程中可以找一位辅助人员配合使用皮尺一起辅助完成测量）。

（2）驼背改善训练的建议

①胸椎放松

仰卧在泡沫轴上，双手放在头部后方，收起下巴（泡沫轴应与躯干垂直）。膝关节弯曲，使骨盆抬离地板。沿着胸椎前后滚动泡沫轴，按摩酸胀部位。每天滚动 30 秒至 2 分钟（见图 3-41）。

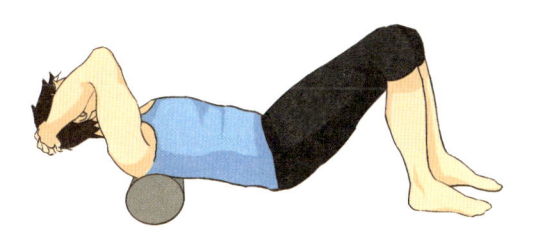

图 3-41 胸椎放松动作示意

> **注意事项**

骨盆保持中立位置,以避免下背部过度拱起。如果痛感太强,可以在上背部放两个网球,并用高枕支撑头部。

② 上背部放松

仰卧,双膝弯曲,将两个网球放在上背部下方脊柱的两侧,大约在胸部的高度或肩胛骨正下方。用枕头支撑头部,眼睛视线垂直于天花板,使用枕头帮助控制在背部感受到的球的压力(枕头越高,感受到的压力越小)。找到酸痛部位并保持,释放张力。身体上下移动以使球上下移动,以寻找其他酸痛部位,继续按压,释放张力。在每个疼痛部位保持20～30秒,每天总共进行2～3分钟(见图3-42)。

图 3-42 上背部放松示意

> **注意事项**

如果感到呼吸困难或者胸部感到紧张,请及时停止这个练习。

③颈部拉伸

将双手放在头顶,双肘挨在一起,把下巴用力拉到胸前,感受颈部和肩部后方的拉伸。此练习采取站姿或坐姿均可。保持拉伸15～20秒为一组,每天2～3组(见图3-43)。

颈部拉伸动作视频

图3-43 颈部拉伸示意

> **注意事项**

缓慢地进行这项练习。如果颈部有任何疼痛或不适,请立即停止训练。

④仰卧挥手再见

仰卧,下背部平放在地板上,肘部弯曲抬高至与肩同高,小臂垂直于地面。如果需要,可以使用枕头支撑头部和颈部。把肩胛骨向下、向后压向地板,下巴收紧,不要让颈部向后面的地板过度弯曲。慢慢地把手背按在地板上,保持肩部向下、向后压向地板。进行静力性训练,保持收缩15～20秒,重复2～3次。进阶至重复10～15次一组,每周6～12组(见图3-44)。

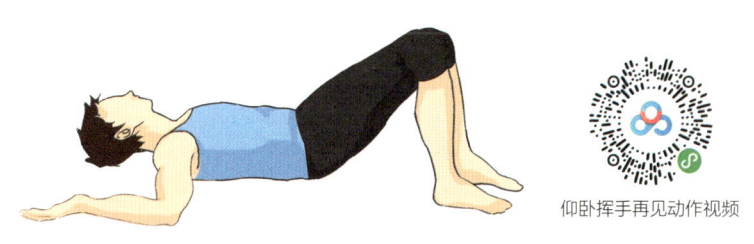

图 3-44 仰卧挥手再见动作示意

仰卧挥手再见动作视频

> **注意事项**

保持骨盆向后旋转,以防止下背部拱起,并带动胸部的伸展肌。驼背严重的孩子在转动手臂时可能会耸肩,家长需要引导他们使用斜方肌下部纤维,以压低肩胛骨。

⑤ YTW 训练

俯卧在瑜伽垫上,双臂与身体呈"Y"字形;双手握拳,大拇指朝上,胸部不要离开地面,大拇指用力上举。放下后再次向后打开双臂至与身体呈"T"字形;感受中背部肌肉发力,接着后缩手臂至与身体呈"W"字形;夹紧双肘,感受中背部肌肉发力,背部中间被挤压。进行静力性训练,保持收缩 15～20 秒,重复 2～3 次。进阶至重复 10～15 次一组,每周 6～12 组(见图 3-45)。

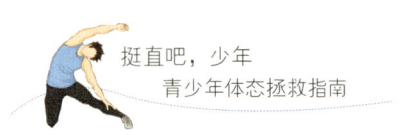

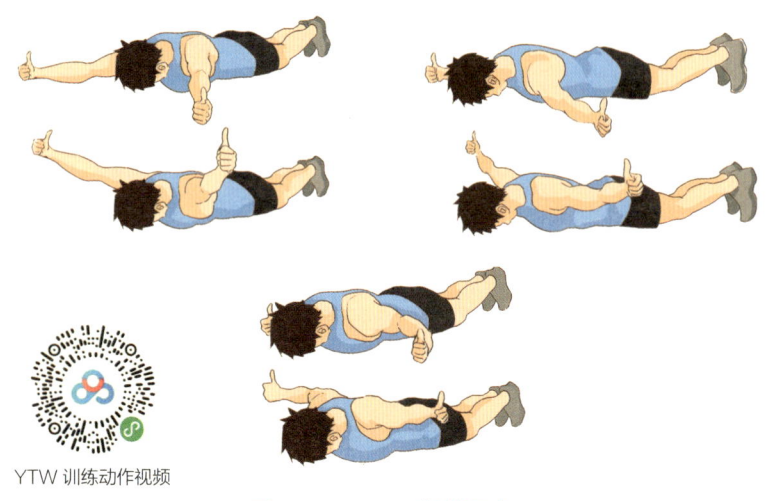

图 3-45　YTW 训练示意

> **注意事项**

注意大拇指向上,双侧肩胛骨收紧后开始抬起手臂。额头紧贴地面,不要抬头。

第三节　骨盆

骨盆，作为人体重心的承载部位，衔接上部脊柱，延伸至下肢，并与髋骨、骶骨、尾骨共同构建成一个盆状骨架结构。骨盆的功能在于均衡地将上身重量传输至下肢，同时充当下肢活动的基础，并保护腹内器官。然而，长期姿势问题（如习惯跷二郎腿）容易导致骨盆失衡，对周围肌肉产生危害，使骨盆肌肉群两侧的肌力不均，进而引发歪斜现象。常见的骨盆倾斜有骨盆前倾、骨盆后倾和长短腿。

01 骨盆前倾

骨盆前倾是指骨盆向前病态地偏移，造成腰椎不正常的生理前凸。这一问题对青少年身体健康构成严重威胁。骨盆前倾最常见的就是感觉孩子的臀部后凸，腹部向前顶，即前挺后撅。骨盆前倾所带来的隐患，不仅令外观欠佳，更关键的是对身体健康的破坏性影响。首先，骨盆前倾会增加腰椎的压力，长期下来可能引发腰椎疼痛、腰肌劳损等症状。由于骨盆前倾，腰椎的生理弯曲变得不正常，进而改变脊柱的曲线，可能进一步影响到颈椎和胸椎，诱发颈椎病、胸椎侧弯等。其次，

骨盆前倾还对膝关节和髋关节产生负面影响。骨盆前倾可导致下肢力量线失衡，长期如此可能引发膝关节疼痛、髋关节磨损等问题。

（1）骨盆前倾的细化评估

把两个手掌放在小腹上，掌根放在髂骨（骨盆最突出的位置），大拇指指尖相对，中指放在耻骨的正上方，两只手合拢成一个倒三角形。三角形垂直于地面时骨盆正常，三角形掌根位置高于手指时骨盆前倾（见图3-46）。

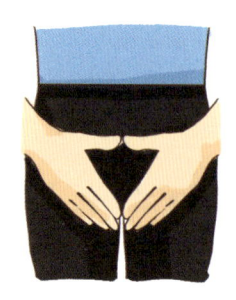

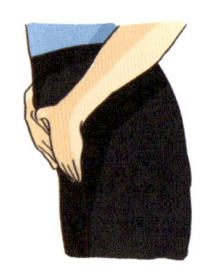

图3-46　骨盆前倾的细化评估

（2）骨盆前倾改善训练的建议

①大腿前侧放松

俯卧位，把泡沫轴垂直置于大腿下方，使大腿感受到压力。用上半身支撑将泡沫轴滚到大腿上不同的痛点，将身体重量置于其上几秒，来帮助组织放松；保持腹部收紧，以确保下背部不会过度塌腰。每天每条腿滚动1～2分钟（见图3-47）。

第三章 中小学生常见的身体姿态异常及解决方案

大腿前侧放松动作视频

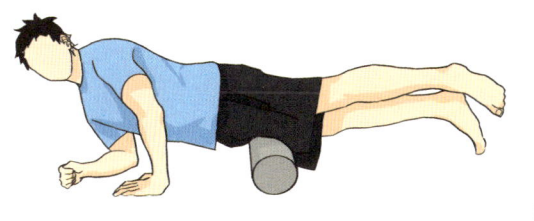

图 3-47 大腿前侧放松动作示意

注意事项

沿大腿前外侧和前侧滚动（大概在髋部以下 15 厘米），如感觉强度不够，可在滚动时屈膝进行拉伸。如果感觉太痛，可以采用俯卧或侧卧，使用网球进行按摩。

②屈髋肌拉伸

一只脚在前着地，另一膝跪地，用臀部和腹部助力，收紧骨盆。髋部不要扭转，然后向前送，将手臂举过头（伸出与跪着的腿同侧的手），并将手伸向身体的另一边。换对侧重复动作。保持拉伸 15～20 秒为一组，每天每侧重复 2～3 组（见图 3-48）。

屈髋肌拉伸动作视频

图 3-48 屈髋肌拉伸动作示意

注意事项

当抬臂拉伸时，不要弯腰。

③平板支撑

俯卧在地板上，手掌平放在胸前，双腿在身后伸直，头、肩、背、臀以及腿部在同一个平面上。双肘与肩同宽，肘触地点与肩部在一条垂直线上（肩部不要向前超过肘部），保持30秒为一组，每天重复2～3组（见图3-49）。

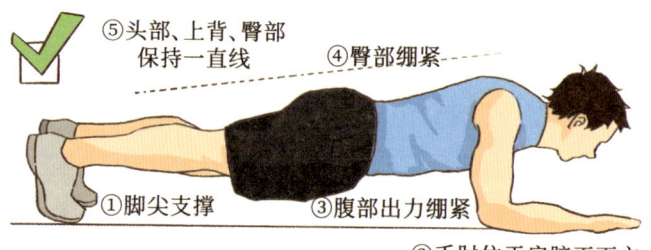

图3-49 平板支撑动作示意

注意事项

脚尖触地，脚掌竖立。不能抬臀、塌腰、低头、前后挪肘。

④仰卧臀桥训练

仰卧在地板上,双膝弯曲。两脚用力蹬地,将臀部向正上方推起。在顶端短暂停留,保持膝、髋、肩一条直线。之后缓缓回到初始位。每天 2~3 组,每组重复动作 12~15 次(见图 3-50)。

图 3-50 仰卧臀桥训练示意

仰卧臀桥训练动作视频

注意事项

开始时要温和缓慢地做这个动作,让臀部始终保持发力的状态。

⑤早安式训练

站立,双手放于头两侧,手肘朝两侧打开,双腿微曲,保持稳定;弯曲髋部,向后推臀,俯身与地面近乎平行。保持背部肩胛骨后缩收紧,绷直腰部,膝关节对准但不超过脚尖(见图 3-51)。

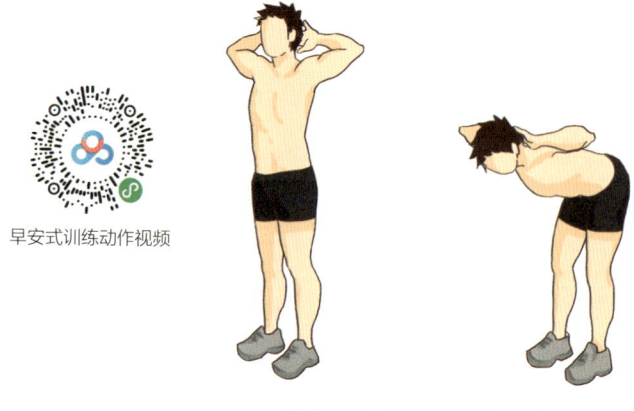

图 3-51 早安式训练示意

> **注意事项**

温和缓慢地做这个动作,让臀部始终保持发力的状态。刚开始训练时避免负重练习,避免动作不正确时负重伤及腰椎。

02 骨盆后倾

骨盆后倾是指骨盆发生异常向后倾斜,导致腰椎呈现不正常的后弯现象。骨盆后倾最显著的特征是感觉孩子腰部平坦,失去自然曲线。青少年的骨盆发育尚不完全,长时间保持不良的坐姿、站姿,或因其他因素,如先天畸形、生长发育问题等,均可能导致骨盆后倾。骨盆后倾会使脊椎曲线异常,并引发腰部疲劳和不舒适,给孩子的生活带来诸多困扰,如腰痛、背痛、颈痛等。

(1) 骨盆后倾的细化评估

靠墙站直,上背部及臀部紧贴墙壁,如果下背部能放进一个手掌,那么姿态基本正常;如果下背部连一个手掌都放不进去,那么可能是骨盆后倾(见图3-52)。

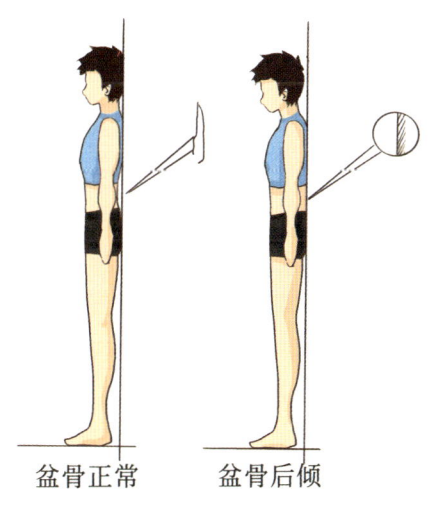

盆骨正常　　盆骨后倾

图 3-52　骨盆后倾的细化评估

(2) 骨盆后倾改善训练的建议

①大腿后侧放松

坐立在垫子或地面上,双手支撑将躯干抬起,将泡沫轴放在一侧大腿下面,对侧腿横跨于此条腿膝关节正上方,用身体的重量压在泡沫轴上,将泡沫轴滚到大腿上不同的痛点,将身体重量置于其上几秒,来帮助组织放松;来回滚动,大腿后侧不要发力,尽可能放松。每天每条腿滚动1~2分钟(见图3-53)。

大腿后侧放松动作视频

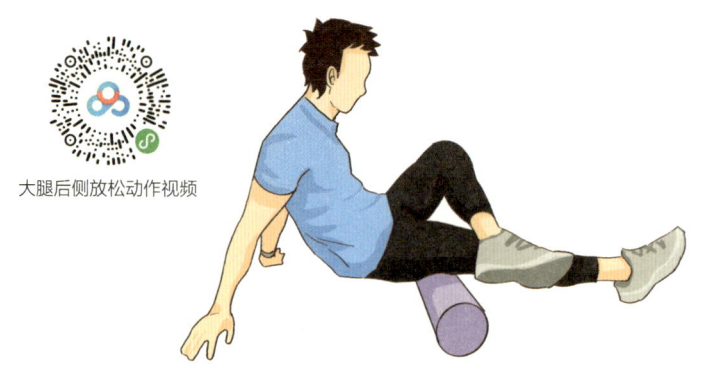

图 3-53　大腿后侧放松动作示意

注意事项

使用泡沫轴滚动时不要超过膝关节。如感觉强度不够，可用一个更硬（密度更大）的泡沫轴。如果痛感太强，可以用网球，静止不动，当大腿外侧的张力降低后，沿着外侧移动网球到每一个酸痛点进行放松。

②臀部放松

坐在泡沫轴上，将身体向一侧倾斜，把重心放在臀肌的一侧。抬起目标侧的足部，把踝的外侧置于另一条腿的膝上。按摩时，将目标侧的膝部向胸部一侧拉伸，然后前后滚动，放松并拉伸目标部位的肌肉。每天两侧分别滚动30秒到2分钟（见图3-54）。

图 3-54 臀部放松动作示意

> **注意事项**

如果感到麻木或刺痛，减小对该部位的压力或停止训练。如感觉强度不够，可换一个更硬的泡沫轴。如果痛感太强，可以用网球或棒球按摩臀部（见图 3-55）。

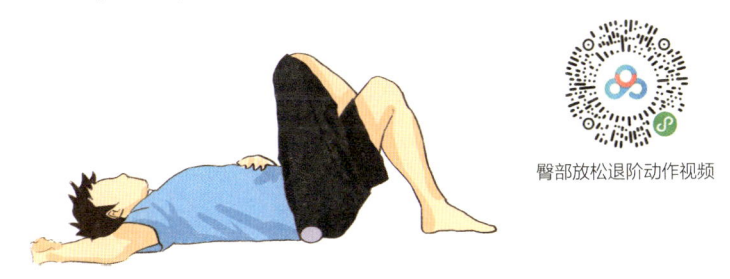

图 3-55 臀部放松动作（退阶）示意

③大腿后侧拉伸

坐立在垫子或地面上，目标腿往前伸，膝关节微屈。骨盆稳定，躯干往前压，感受目标腿后侧的牵拉感。保持拉伸 20～30 秒，每条腿重复 2～3 次为一组，每天至少一组（见图 3-56）。

大腿后侧拉伸动作视频

图 3-56　大腿后侧拉伸动作示意

注意事项

当躯干前压的时候,避免过度拱背,尽量利用腹部向下贴近腿部,同时避免膝盖向下发力。

④腹部拉伸

俯卧在地板上,手掌平放在胸前支撑上身抬起,双腿在身后伸直,尽可能高地抬起躯干,但不要将骨盆抬离地面。保持几次呼吸,然后放低。保持拉伸 15～20 秒为一组,每天重复 2～3 组(见图 3-57)。

腹部拉伸动作视频

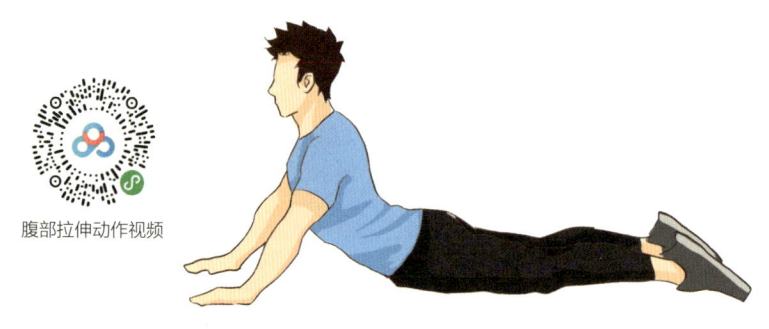

图 3-57　腹部拉伸动作示意

注意事项

肩膀需要远离耳朵,以避免肩部紧张。双手不要抬起得太快,以避免腰椎压力过大。

⑤站立抬腿训练

站立,手扶墙保持身体稳定,尽力朝腰部上抬一侧膝关节,直到大腿与地面平行时静态停留保持 20~30 秒为一组,每天每条腿重复 2~3 次(见图 3-58)。

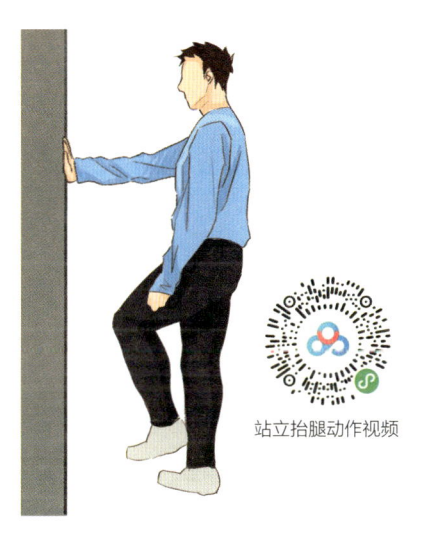

图 3-58 站立抬腿动作示意

注意事项

抬腿时避免支撑腿的膝盖过度伸展,核心收紧躯干垂直于地面,不要出现前屈,尽量利用大腿发力向上抬。如果感觉强度不够,可以在两脚之间套上弹力带增加负重。

03 长短腿

长短腿是指双腿长度存在差异,有些孩子两条腿长度差距较大就会造成明显的走路跛行,或一长一短的感觉[27]。长短腿通常源于臀部、腰椎和骨盆周围肌肉张力的不均衡,可能伴

随髋部肌肉失衡，使得股骨颈过度向前或向后倾斜，以及踝关节部位的不对称。在我国一项 6～14 岁被调查的儿童青少年中，长短腿的发生率高达 54.1%[28]。正常人群中有 30% 左右的人会出现长短腿的现象，其中 90% 是儿童时期走路问题没有及时纠正，造成了严重的形体问题。若儿童存在长短腿问题，影响的不仅是行走姿势，还可能导致骨骼为保持身体平衡而发生倾斜、扭转或旋转，进而引发骨盆倾斜，从而诱发腰椎、胸椎和颈椎等问题。

（1）长短腿的细化评估

家长在发现孩子存在长短腿问题时，还可以进一步使用皮尺测量孩子左右腿的长度。具体操作：测量的起点是髂前上棘（在仰卧位时，髂骨向前突起的最高处），终点是孩子脚内踝。如果测量出来长度差距过大，那便是长短腿（见图 3-59）。

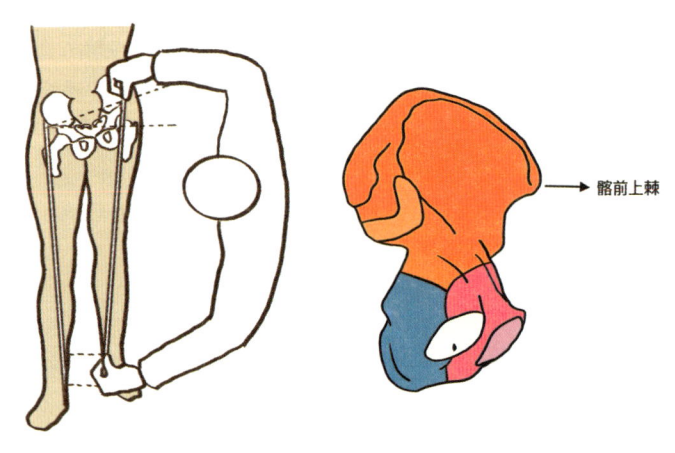

图 3-59　测量腿长的方法

（2）长短腿改善训练的建议

①大腿外侧放松

侧卧姿势，把下侧前臂放在地板上，下侧大腿上部放在泡沫轴上，压力集中于腿的外侧。把上侧腿放到身体前面，并把脚平放在地板上。将泡沫轴从下侧腿髋部滚到下侧腿膝关节处，一次滚动 3～5 厘米，主要集中于酸胀部位。每天每条腿滚动 30 秒到 2 分钟（见图 3-60）。

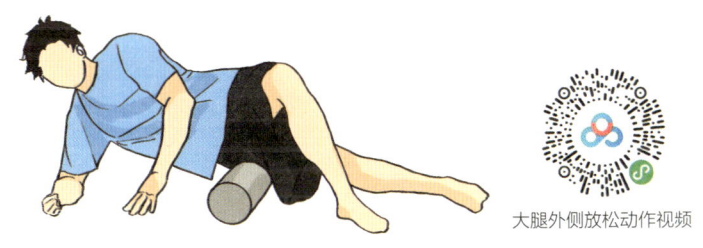

图 3-60　大腿外侧放松动作示意

大腿外侧放松动作视频

> **注意事项**

使用泡沫轴滚动时不要超过膝关节。如感觉强度不够，可用一个更硬（密度更大）的泡沫轴，或者双腿叠放。如果痛感太强，可以侧卧在网球上，静止不动，当大腿外侧的张力降低后，沿着外侧移动网球到每一个酸痛点进行放松（见图 3-61）。

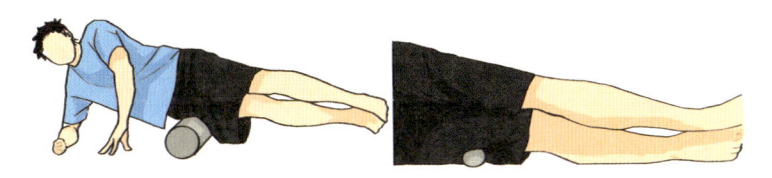

图 3-61　大腿外侧放松动作（左进阶，右退阶）示意

② 腰部拉伸

跪姿，短腿向侧方伸展，脚趾朝前；随着身体向侧边弯曲，手放在腿上适当移动；对侧手臂向上伸展，保持这个姿势1分钟为一组，每天完成2～3组（见图3-62）。

腰部拉伸动作视频

图 3-62　腰部拉伸动作示意

注意事项

在这个过程中，要注意保持呼吸顺畅。

③ 屈髋肌拉伸

短腿侧的脚在前着地，另一膝跪地，用臀部和腹部助力，收紧骨盆。髋部不要扭转，然后向前送，将手臂举过头（伸出与跪着的腿同侧的手），并将手伸向身体的另一边，保持拉伸

15～20 秒为一组，每天每侧重复 2～3 组（见图 3-63）。

图 3-63　屈髋肌拉伸动作示意

屈髋肌拉伸动作视频

> **注意事项**

当抬臂拉伸时，不要弯腰。

第四节　肩颈及头部

01 高低肩

高低肩，即肩部一侧高于另一侧，其根源在于长时间保持不良姿势或两侧肩膀使用不平衡，肌肉力量差异（见图3-64）。这种症状可能引发诸如头晕、颈部酸痛、颈部麻木以及肩关节活动受限等问题。若长期未经治疗，可能进一步发展为脊柱侧弯。特别是处于发育阶段的青少年，更易遭受此病痛侵袭[29]。

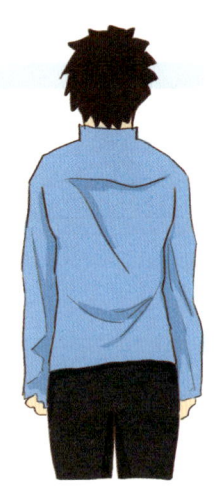

图3-64　高低肩示意

（1）高低肩的细化评估

让孩子面朝镜子自然站立，双肩放松两臂自然下垂，观察镜子中的肩膀是否一样高。

严重的高低肩会伴随脊柱形态的变化，形成脊柱侧弯的情况，打破肩带周围的对称与平衡。前屈测试可以更准确地排查孩子脊柱的情况。具体操作：让孩子站在光线明亮处，暴露脊背背向家长，脚跟并拢，双腿伸直，自然站立，双臂伸直合掌，肩胛骨自然下垂，贴紧胸壁。缓慢向前弯腰至90°左右，双手合掌逐渐置于双膝之间，此时背部任何部位的不对称都被称为前屈实验阳性，应怀疑为脊柱侧弯。家长目光平行，随孩子弯腰从颈椎一直观察到腰部，注意脊柱两侧是否高低不平，背部任何部位出现不对称均可能为脊柱侧弯（见图3-65、图3-66）。

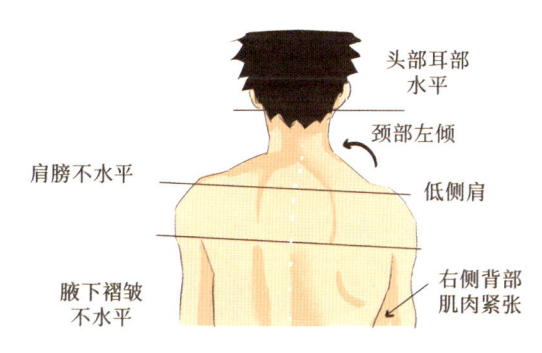

图3-65　高低肩的细化评估

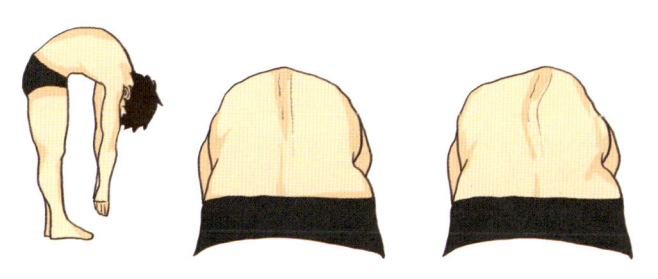

图3-66　前屈脊柱测试

（2）高低肩改善训练的建议

轻度的高低肩请参考以下的训练建议，如果孩子已经存在脊柱侧弯的问题，则结合脊柱侧弯的训练计划进行训练。

① 肩胛按摩

仰卧,将一个网球放在肩胛骨下方,在头部下面放一个枕头,让头部和颈部对齐。按摩侧手握住对侧肩部,使手臂离开原来的位置,并增加对网球的压力。调整球的位置以找到痛点,并在该位置保持一段时间以释放肌肉的紧张压力。小心地前后或左右移动身体,从而移动球的位置以发现其余痛点,施压以释放肌肉的紧张压力。在每个痛点保持 20~30 秒。每天总共进行 2~3 分钟训练(见图 3-67)。

图 3-67　肩胛按摩动作示意

注意事项

不要到处用力滚球,把网球移到你已经发现的痛点位置,然后用网球抵住那个痛处。移动网球时要小心,以免对神经造成直接压力。如果痛感太强,则使用加热垫进行热敷即可。

②颈部后侧拉伸

坐在椅子上，牢牢抓住椅子的后腿，肩胛骨往后拉。保持稳定且牢固的抓力，把头部向侧面弯曲，颈部尽量远离抓住椅子的手，下巴收拢。然后换对侧进行重复动作。每一侧拉伸 15～20 秒，每天至少一组，每组重复动作 2～3 次（见图 3-68）。

颈部后侧拉伸动作视频

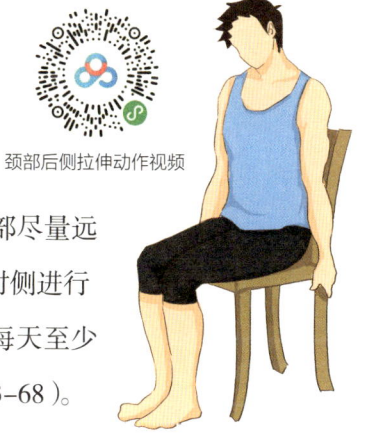

图 3-68 颈部后侧拉伸动作示意

注意事项

头向侧面弯曲时，请勿旋转头部和颈部。如果感到非常僵硬，则使用加热垫对肩颈进行热敷。

③直臂下拉训练

坐姿（提高难度可坐在健身房的瑞士球上），伸出手来抓住悬吊带的杆或把手。向后下方拉肩胛骨，不要弯曲手臂。进行 20～30 秒静力性收缩，重复 2～3 次，然后再进行 10～15 次动态运动（见图 3-69）。

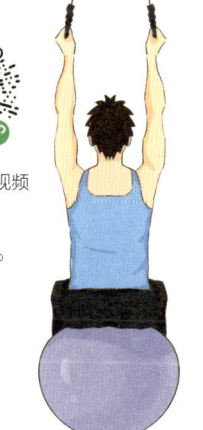

直臂下拉动作视频

图 3-69 直臂下拉训练示意

注意事项

如果做这个练习时有困难，或者难以感受到肩胛骨的收缩，那么可先只针对一侧手臂来练习。

02 翼状肩胛

翼状肩胛，也叫"蝴蝶肩"，其主要特征为肩胛骨从背部向外翘起，状似翅膀，而非紧贴背部。这种现象在青少年中很常见，主要是肌肉力量不平衡导致的。由于翼状肩胛不能很好地与胸壁贴合，使得肩胛骨的稳定性下降，可能引发肩胛周围疼痛，甚至手臂抬不起来的症状。严重的翼状肩胛还会影响到胸椎和颈椎，导致高低肩、脊柱侧弯等病症（见图3-70）。

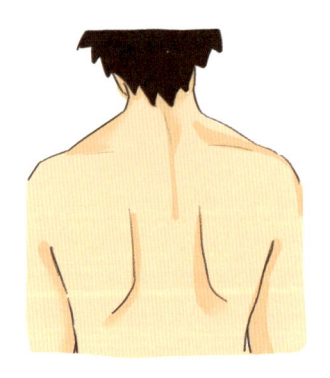

图 3-70　翼状肩胛示意

（1）翼状肩胛的细化评估

首先让孩子身体放松，手臂自然下垂，查看后背肩胛骨是否平贴于背上。然后让孩子双手用力推墙，查看后背肩胛骨是否平贴于背上（见图3-71）。

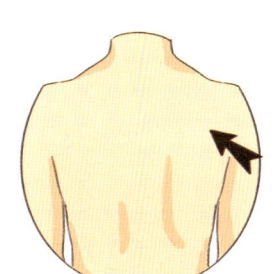

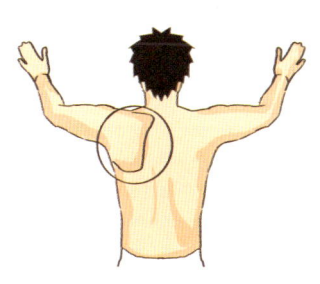

图 3-71 翼状肩胛的细化评估

（2）翼状肩胛改善训练的建议

①肩胛按摩

仰卧，将一个网球放在肩胛骨下方，在头部下面放一个枕头，让头部和颈部对齐。按摩侧手握住对侧肩部，使手臂离开原来的位置，并增加对网球的压力，调整球的位置以找到痛点，并在该位置保持一段时间以释放肌肉的紧张压力。小心地前后或左右移动身体，从而移动球的位置以发现其余痛点，施压以释放肌肉的紧张压力。在每个痛点保持 20～30 秒。每天总共进行 2～3 分钟训练（见图 3-72）。

图 3-72　肩胛按摩动作示意

注意事项

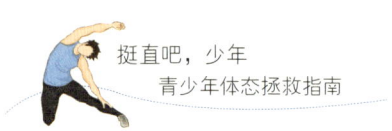

不要到处用力滚球,先把网球移到已经发现的痛点位置,然后用网球抵住这个痛处。移动网球时要小心,以免对神经造成直接压力。如果痛感太强,使用加热垫进行热敷即可。

② YTW 训练

俯卧在瑜伽垫上,双臂与身体呈"Y"字形;双手握拳,大拇指朝上,胸部不要离开地面,大拇指用力上举。放下后,再次向后打开手臂至与身体呈"T"字形;感受中背部肌肉发力,接着后缩手臂至与身体呈"W"字形;夹紧双肘,感受中背部肌肉发力,背部中间被挤压。进行静力性训练,保持收缩 15 ~ 20 秒,重复 2 ~ 3 次。进阶至重复 10 ~ 15 次为一组,每周 6 ~ 12 组(见图 3-73)。

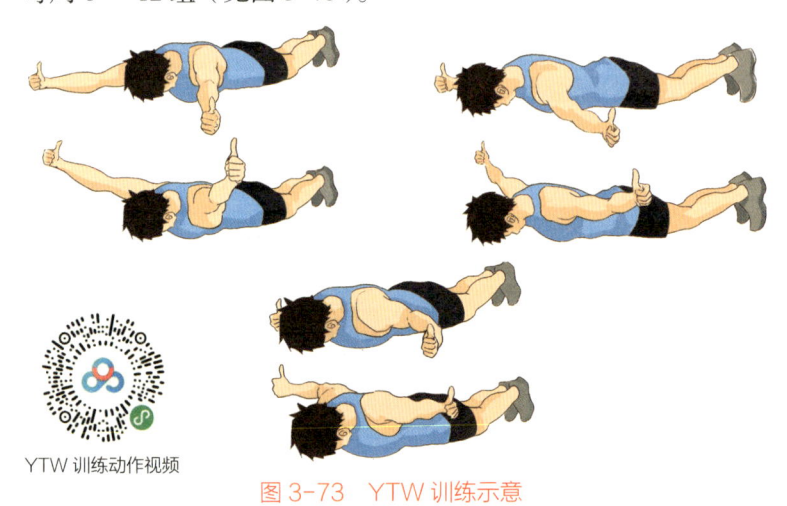

YTW 训练动作视频

图 3-73 YTW 训练示意

注意事项

注意大拇指向上，双侧肩胛骨收紧后开始抬起手臂。额头紧贴地面，不要抬头。

③坐姿划船训练

坐在椅子上，保持躯干直立。双手分别握住弹力带，下压并稳定肩胛骨，向后做划船动作，将弹力带拉向躯干。进行10～15秒静力性收缩，并重复2～3次，再进行10～15次动态运动（见图3-74）。

坐姿划船训练动作视频

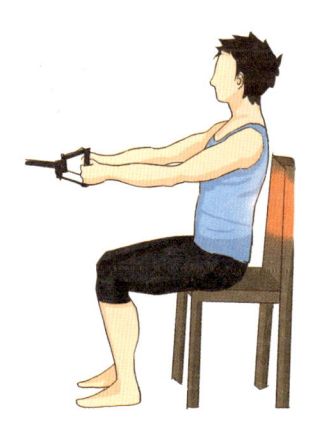

图3-74 坐姿划船训练示意

注意事项

拉动时不要让肩胛骨上提。

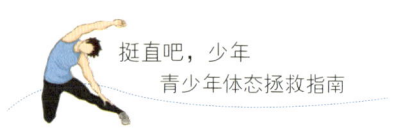

03 圆肩

圆肩是指孩子的肩头前倾、肩胛骨后凸,从而使得整个上半身呈现为半圆形的桶状轮廓,给人一种厚实且壮硕的观感。此现象通常是胸部肌肉过度紧张,以及中上背部肌肉力量不足导致的肩带牵引。圆肩不仅影响外观,而且长时间内扣的双肩关节会持续拉动背部肌肉伸展,使其长时间处于被拉长的状态。这种情况可能引发驼背等与颈椎相关的病症,同时还会导致肩膀、颈部和背部的疼痛(见图3-75)。

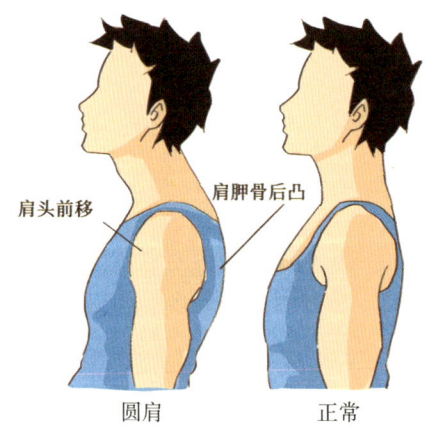

图 3-75 圆肩示意

(1) 圆肩的细化评估

让孩子放松站好,双手自然下垂摆放,观察孩子虎口位置,若虎口位置是向内而非朝正前方,确定为圆肩;或站在高处从孩子头顶方向往下看,如果孩子后背是一个圆弧形状,确定为圆肩(见图 3-76)。

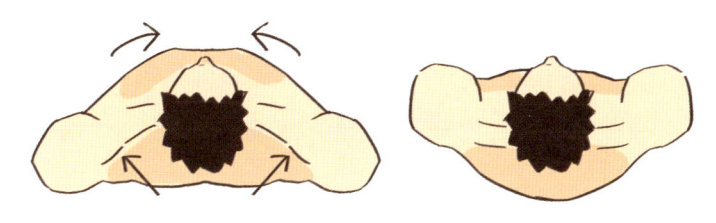

图 3-76 圆肩的细化评估

(2)圆肩改善训练的建议

①肩部前侧按摩

俯卧,将一个网球放在肩部的前面,利用身体的重量压住网球,移动身体以使网球滚动寻找痛点。每个痛处按摩 20～30 秒,每天至少一次,总共进行 2～3 分钟训练(见图 3-77)。

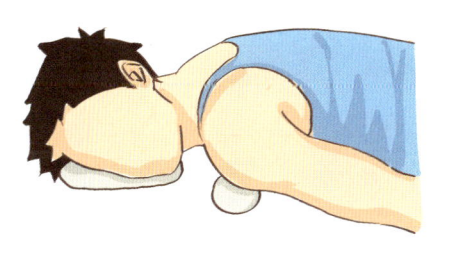

图 3-77 肩部前侧按摩动作示意

肩部前侧按摩动作视频

注意事项

如果在肩部前侧感觉到疼痛,请在拉伸训练期间稍微向上转动手掌。

② 胸大肌拉伸

找个直角墙面，整个前臂贴近墙面，同侧腿部前伸做屈膝动作，伴随身体前倾，贴墙肘关节保持和肩关节同一高度，单手屈肘 90°，侧面展开上臂平肩，同侧的腿弓步向前，使身体向前靠，感受胸大肌拉伸。拉伸每只手臂 20～30 秒，每天至少一次（见图 3-78）。

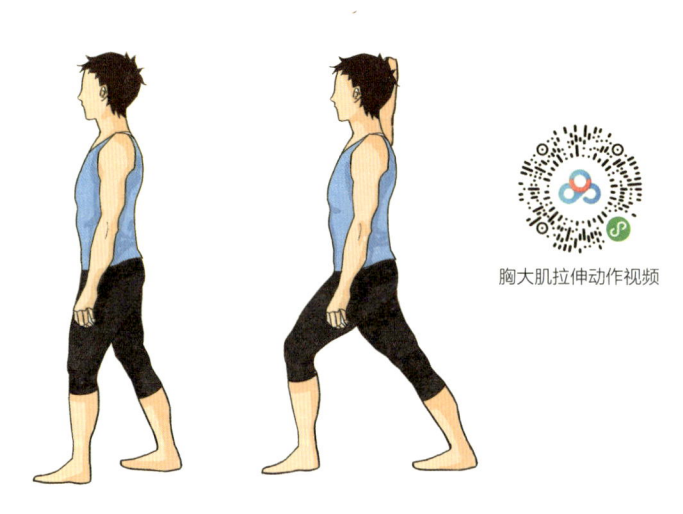

图 3-78　胸大肌拉伸动作示意

胸大肌拉伸动作视频

注意事项

手肘位置不要过低，全程收紧腹部，不要产生弓腰现象。

③地面缩肩训练

仰卧屈膝，确保颈部处于中立位置。手臂放置于身体两侧，与身体大约呈45°，手掌朝上，肩部朝地板用力后拉。每天静力性收缩2～3次，每次20～30秒（见图3-79）。

地面缩肩训练动作视频

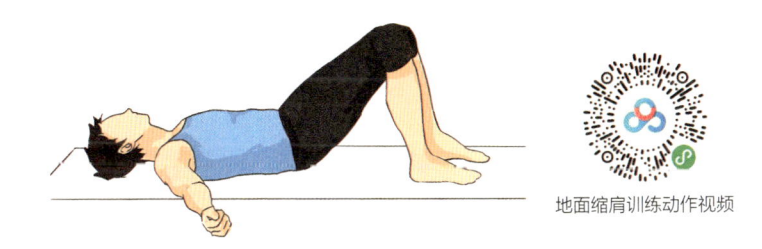

图3-79　地面缩肩训练示意

注意事项

保持骨盆向后旋转，从而确保下背部与地面保持接触，在运动期间不会拱起来。

04 头前伸

头前伸是指头部重心位于身体的前侧，是生活中十分常见的不良姿势。在青少年群体中，这种姿势尤为明显，可导致头痛、肩颈疼痛等问题。这主要是颈部前倾导致颈部、肩部和胸部肌肉失衡，且颈部前倾的角度越大，颈椎所承受的重量也就越大。若对这一问题置之不理，可能会进一步引发驼背、圆肩

等体态问题。

（1）头前伸的细化评估

让孩子放松站好，双手自然下垂摆放，观察侧面。正常情况下，耳朵应该在肩膀的正上方，耳垂线落在肩中点前侧。如果头轻度前伸，预示颈椎变直，耳垂线在肩膀前面；如果头重度前伸，可能存在颈椎反弓（见图3-80）。

头重度前伸　　头轻度前伸　　正常

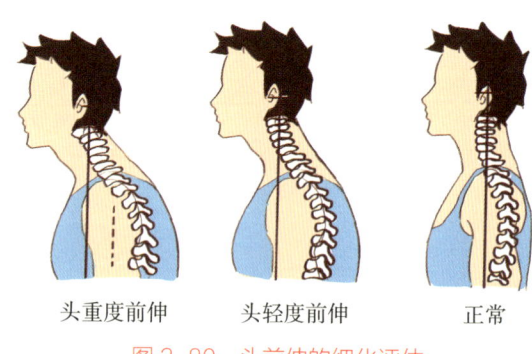

图3-80　头前伸的细化评估

（2）头前伸改善训练的建议

①颈部屈伸

坐在椅子上，眼睛向上看，下巴上扬，保持该姿势15～20秒。眼睛向下看，使下巴贴到胸部，保持该姿势15～20秒。每天至少一组，每组重复动作2～3次（见图3-81）。

图 3-81 颈部屈伸动作示意

> **注意事项**

请勿旋转头部和颈部，保证垂直运动。如果感到非常僵硬，可使用加热垫对肩颈进行热敷。

②颈部后侧拉伸

坐在椅子上，牢牢抓住椅子的后腿，肩胛骨往后拉。保持牢固的抓力稳定，把头部向侧面弯曲，颈部尽量远离抓住椅子的手，下巴收拢。换对侧重复动作。每一侧拉伸 15～20 秒，每天至少一组，每组重复动作 2～3 次（见图 3-82）。

> **注意事项**

头向侧面弯曲时，请勿旋转头部和颈部。如果感到非常僵硬，可使用加热垫对肩颈进行热敷。

图 3-82 颈部后侧拉伸动作示意

③缩下巴训练

坐在椅子上,保持躯干直立。头后放一条弹力带(或毛巾),双手拉着两端向前用力。下巴向后缩,保持稳定的状态,每次保持30秒,3~4次为1组,每天完成2~3组(见图3-83)。

缩下巴训练动作视频

图 3-83 缩下巴训练示意

注意事项

拉动时不要让肩胛骨上提,稳定住双肩高度。

④肩部上举训练

躺在地上,膝弯曲,手臂靠在身体两侧,骨盆后倾。慢慢地把手臂举过头顶,保持手臂伸直,稳定肩胛带的肌肉。首先进行静力性训练,保持举起手臂的姿势10~15秒,并重复2~3次。然后进阶到手臂抬高和降低,重复10~15次为一组,每周4~9组(见图3-84)。

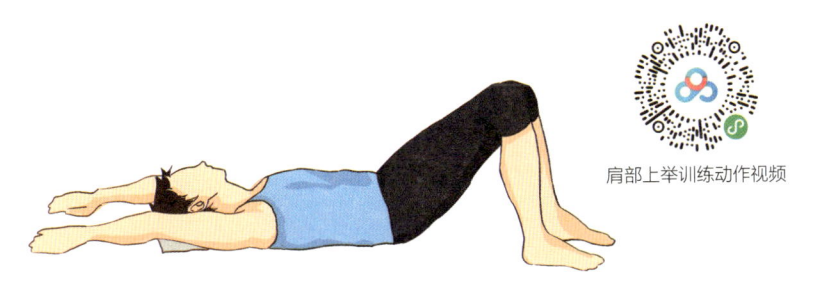

图 3-84　肩部上举训练示意

> **注意事项**

注意这个训练需要确保姿势正确，注意下背部在运动过程中不要过度拱起，始终贴近地面，同时不要耸肩和弯曲手臂。

第四章

中小学生姿势异常的日常预防

第一节　站姿调整

01　正确的站姿

孩子正确的站姿应是双脚并拢，眼睛看前方，脖子和下巴收回来（尽量不让头往前伸和颈椎过分弯曲），胸椎要挺直，肩膀向后拉（尽量不让胸椎过分弯曲和肩膀向前伸），骨盆往下收（尽量不让骨盆往前倾和腰椎过分弯曲），同时要感觉到身体的重量压在脚上（防止膝盖外翻和脚过度内旋），重心要与脚跟垂直（见图4-1）。

图4-1　站姿示意

02　改善站姿的技巧

（1）保持平衡的站姿

保证孩子重心的平衡，不要产生身体一侧的长时间支撑动作（如斜胯站立），避免形成错误的习惯，应是髋部、双腿和双脚均匀支撑体重。

（2）穿合适的鞋子

突然变换鞋子或立刻使用矫形器也会造成额外的压力，并可能使组织和结构没有足够的适应时间而造成其他不适或疼痛。因此，与训练计划的其他要素相同，提醒孩子逐渐改变穿鞋的习惯。

（3）关注手臂姿势

有意识地关注孩子的手和手臂的姿势，不要让孩子走路玩手机，把手机放在一只耳朵上（会使头部、颈部和脊椎向前或一侧移动），同时观察孩子是否喜欢在站立时手插口袋或者交叉双臂（会造成双肩向前弯曲），这样会使头部向一侧倾斜，导致侧向移动。

第二节 坐姿调整

01 正确的坐姿

正确的坐姿应该是身子保持直挺，稍微往前倾，胸口离桌子1个拳头那么远；握笔的地方离笔尖1寸；头抬得端正，眼睛离桌面1尺。最佳的高度是让孩子坐下来时，双脚能踩在地上，膝盖自然弯成90°，手臂放在桌子上，也是自然弯成90°（见图4-2）。如果桌子太高，孩子的手就得悬空，会很不舒服；如果桌子太低，孩子就容易弯腰驼背。

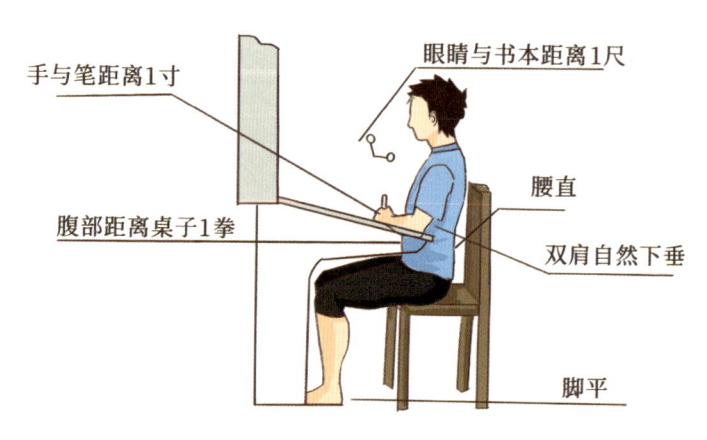

图4-2 正确的坐姿示意

02 改善坐姿的技巧

（1）保持平衡的坐姿

保证孩子坐姿的平衡，双脚平行放在地面上，不要跷二郎腿，避免形成不良习惯。

（2）避免久坐

鼓励孩子每天从椅子上站起来几次，以促进髋部、腿部和脊椎的伸展。把传统的书桌换成可升降式书桌，在阅读时采用站姿。在出行时尽可能选择走路或骑自行车，而不是让孩子坐车。

（3）进行拉伸或放松训练

建议孩子每天多次进行拉伸或放松训练，以缓解长时间处于坐姿对肌肉骨骼系统造成的不良影响。

（4）及时检查

由于孩子的生长发育较快，家长需要定期检查孩子的坐姿，以及椅子、书桌、显示器和书架等学习用品的位置，以确保这些物品的位置有助于保持脊柱直立、头部中立和手臂放松。

第三节　睡姿调整

01　正确的睡姿

孩子睡觉的时候，最好躺在比较结实的床上，脸朝上仰卧睡觉。手臂放在身体两侧，掌心朝上，让肩胛骨处于更中立的收缩姿势（见图4-3）。

图4-3　正确的睡姿示意

02　改善睡姿的技巧

（1）针对性改善睡姿

如果孩子已经存在一些身体姿态的问题（尤其是脊柱相关

的问题），那么仰卧的睡姿很可能会使孩子产生不适，这时候应该使用针对性措施改善孩子的不适，从而让孩子更好地进入睡眠，保证睡眠质量。

面对腰椎过度前凸和骨盆前倾的孩子，建议家长在孩子平躺后，在他们的膝下放置一个枕头，以帮助骨盆后倾和腰椎屈曲更好地接近中立位置。保持一段时间后，腰椎角度会得到相应调整，家长可以根据变化适当降低膝下枕头的高度。

颈椎过度前凸的孩子，在仰卧时应该用一个小枕头帮助头部和颈部保持在中立位置。选择的枕头不应该太高，厚度应该能帮助孩子的眼睛垂直于天花板，适当支撑后脑及对齐颈部。

（2）选择合适的枕头

选个适合孩子的枕头，能托住颈椎，有助于保持脖子的正常曲线，保护孩子的颈椎。枕头的长度要稍微超过孩子肩膀的宽度。枕头要有弹性，太软的枕头会让孩子头皮受压面积增大，对血液循环不利，太硬的枕头则会影响孩子头部的形状。

第四节　背包选择

01　正确的背包

孩子的背包尺寸要适中，过大或过小的背包都无法有效地分散重量，反而会增加肩颈负担。背包的材质要轻便，选用轻质材料制作的背包可以减轻背部压力，提高舒适度。背包的重量应适度，放入书籍后，其重量不应超过孩子体重的10%～15%。背包的肩带长度应合适，肩带长度应与孩子的躯干长度相符，其高度略低于腰部，确保背包时孩子的重心稳定，避免因背包过高或过低而出现身体不适（见图4-4）。

图4-4　正确的背包示意

02 如何选择背包

(1) 尽量选择双肩背包

当我们只使用一个肩膀来承担背包的重量时，该侧的肌肉、韧带和关节必须承受更大的压力。为了维持平衡，身体会不自觉地向背包所在的一侧倾斜，从而导致脊柱弯曲和肩颈疼痛。同时，由于背包重量集中在某一侧，该侧的血管受到压迫，使得血液循环受到阻碍。这可能导致手臂酸麻、无力，甚至引发肩周炎等疾病。选择双肩背包可以更好地将重量均匀分布到两个肩膀上，使身体重心保持稳定，减轻了对单一部位的压力。此外，使用双肩背包可以有效预防脊柱弯曲、肩颈疼痛等疾病，提高生活质量。

(2) 交替使用背包姿势

为了更好地均衡孩子的负重压力，孩子不应该养成单一的背书包习惯。应采取背法、左右挎式、前挂、手提交替进行，平时注意观察，根据身形及时调整背包姿势[15]。

(3) 选择设计合理的背包

在选择背包时，宽肩带的双肩包最好，并且可以考虑购买在腰部系带设计的背包，这种设计可以更好地帮助孩子分散书包的重量。背包要有良好的缓冲功能，背包内部的隔层和缓冲材料可以保护物品，减少对孩子身体的冲击。

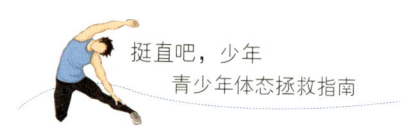

(4)定期检查背包

孩子使用背包的频率很高,长时间使用背包可能会导致磨损。家长需要特别注意观察孩子书包的情况,及时修补或更换,确保背包的质量和使用安全。

参考文献

[1] 徐文婷. 对上海小学低年级学生身体正确姿态培养的研究 [D]. 上海：上海师范大学，2013.

[2] 陈晨. 青少年身体姿态异常问题研究及防控政策建议 [J]. 中国体育科技，2022，58（10）：35-39.

[3] 马晓. 儿童不良身体姿态矫正的实验研究 [D]. 北京：首都体育学院，2010.

[4] 梁思雨. 改善中小学生不良身体姿态的校园体医融合服务模式研究 [D]. 吉林：东北师范大学，2023.

[5] 国家体育总局体育科学研究所与光明日报联合调研组. 面对孩子身体姿态异常，我们该怎么办 [N]. 光明日报，2022-8-25.

[6] Jana Kratěnová, Kristýna ŽEjglicová, Marek Malý, et al. Prevalence and Risk Factors of Poor Posture in School Children in the Czech Republic [J]. Wiley, 2007, 77（3）: 131-137.

[7] Shum Hubert-P.-H., Ho Edmond-S.-L., Jiang Yang, et al. Real-Time Posture Reconstruction for Microsoft Kinect [J].

Institute of Electrical and Electronics Engineers（IEEE）, 2013, 43（5）: 1357-1369.

［8］张亚强. 不同重量书包对肥胖儿童上下楼梯时步态及足底受力影响的研究［D］. 济南：山东体育学院，2011.

［9］张建端，苟波，魏炜，等. 中国居民健康体重管理之减重行动20条：基于科学循证的专家共识［J］. 中国糖尿病杂志，2023, 31（12）: 881-888.

［10］张伟，张珑，吴忠霞. 儿童过度使用电子产品行为与家庭教养之间的相关性分析模型［J］. 河北北方学院学报（自然科学版），2023, 39（5）: 31-38.

［11］白羽茜. 儿童青少年健康状况及其影响因素研究［D］. 河南财经政法大学，2023.

［12］龙鑫，张夏男，张洪伟，等. 北京市高年级小学生电子产品使用现况及影响因素分析［J］. 中国学校卫生，2020, 41（5）: 673-675, 679.

［13］王金光. 不同书包重量对女性肥胖儿童上楼梯时身体姿势、步态、足底压力影响的研究［D］. 济南：山东体育学院，2011.

［14］涂世利. 两种不同背包方式行走对小学生身体姿态的影响研究［D］. 成都：成都体育学院，2017.

［15］郑桂波，谢渝拉. 致青少年驼背的重要因素——书包［J］. 中国卫生产业，2015, 12（7）: 180-181.

［16］Micheal Clark，Scott Lucett. National Academy of Sports Medicine. Nasm Essentials of Corrective Exercise Training［M］. Usa：Jones & Bartlett Learning，2021.

［17］郭俊超，王亚伟，樊瑜波，等.6—7岁儿童扁平足的生物力学特点［J］.中国康复医学杂志，2023，38（4）：495-499.

［18］纪鑫，张恩铭.不同严重程度下单、双侧女性扁平足者足底压力分布特征比较［C］//第十三届全国体育科学大会论文摘要集——墙报交流（运动医学分会）（一），2023：272-274.

［19］任鼎，郭小雷.儿童扁平足的成因及防治［J］.文体用品与科技，2021（10）：55-56.

［20］王新亭，王琪，徐聃弟，等.基于BP神经网络的高足弓异常程度评价模型的构建［J］.中国生物医学工程学报，2021，40（2）：252-256.

［21］马沐佳.不同矫形鞋垫对高足弓者跑步时下肢生物力学特征的影响［D］.北京：北京体育大学，2019.

［22］郝紫微，张洁，王含笑.步态分析技术在儿童膝外翻早期干预中的应用进展［J］.甘肃医药，2023，42（5）：395-397，405.

［23］张文也.不同运动链模式对肌力失衡性膝内翻人群步态的影响［J］.体育科技文献通报，2023，31（10）：256-258.

［24］李国峰，张秀红，杨田，等.2021年内蒙古自治区中小学生脊柱弯曲现况及影响因素分析［J］.中国健康教育，

2023，39（7）：591-595.

[25] 吴琼. 北京市小学高年级学生驼背的致因及干预研究[D]. 北京：北京体育大学，2019.

[26] 李志成. 1805例儿童青少年静态身体姿态调查与分析[D]. 成都：成都体育学院，2022.

[27] 陈然，冼玉娜，许叶，等. 儿童不同类型不良体态及运动干预的研究[J]. 体育科技，2023，44（3）：22-24，27.

[28] 刘爽，李雯娟，李志华. 儿童青少年身体姿态异常现状与特点[J]. 中国体育科技，2022，58（10）：28-34.

[29] 贾固华. 武功整复之肩关节调整技术对大学生高低肩调整效果的研究[D]. 上海：上海体育学院，2014.

[16] Micheal Clark, Scott Lucett. National Academy of Sports Medicine. Nasm Essentials of Corrective Exercise Training [M]. Usa: Jones & Bartlett Learning, 2021.

[17] 郭俊超, 王亚伟, 樊瑜波, 等. 6—7岁儿童扁平足的生物力学特点 [J]. 中国康复医学杂志, 2023, 38 (4): 495-499.

[18] 纪鑫, 张恩铭. 不同严重程度下单、双侧女性扁平足者足底压力分布特征比较 [C] // 第十三届全国体育科学大会论文摘要集——墙报交流（运动医学分会）（一）, 2023: 272-274.

[19] 任鼎, 郭小雷. 儿童扁平足的成因及防治 [J]. 文体用品与科技, 2021 (10): 55-56.

[20] 王新亭, 王琪, 徐聘弟, 等. 基于BP神经网络的高足弓异常程度评价模型的构建 [J]. 中国生物医学工程学报, 2021, 40 (2): 252-256.

[21] 马沐佳. 不同矫形鞋垫对高足弓者跑步时下肢生物力学特征的影响 [D]. 北京: 北京体育大学, 2019.

[22] 郝紫微, 张洁, 王含笑. 步态分析技术在儿童膝外翻早期干预中的应用进展 [J]. 甘肃医药, 2023, 42 (5): 395-397, 405.

[23] 张文也. 不同运动链模式对肌力失衡性膝内翻人群步态的影响 [J]. 体育科技文献通报, 2023, 31 (10): 256-258.

[24] 李国峰, 张秀红, 杨田, 等. 2021年内蒙古自治区中小学生脊柱弯曲现况及影响因素分析 [J]. 中国健康教育,

2023，39（7）：591-595.

［25］吴琼.北京市小学高年级学生驼背的致因及干预研究［D］.北京：北京体育大学，2019.

［26］李志成.1805例儿童青少年静态身体姿态调查与分析［D］.成都：成都体育学院，2022.

［27］陈然，冼玉娜，许叶，等.儿童不同类型不良体态及运动干预的研究［J］.体育科技，2023，44（3）：22-24，27.

［28］刘爽，李雯娟，李志华.儿童青少年身体姿态异常现状与特点［J］.中国体育科技，2022，58（10）：28-34.

［29］贾固华.武功整复之肩关节调整技术对大学生高低肩调整效果的研究［D］.上海：上海体育学院，2014.